Mein Weg | Mein Leben

»MY WAY« | DIE BIOGRAFIE DES UNTERNEHMERS

Albert Berner

UTE GRAU | BARBARA GUTTMANN

Mein Weg | Mein Leben

»MY WAY« | DIE BIOGRAFIE DES UNTERNEHMERS

Albert Berner

Für meinen Vater

Ich möchte darüber schreiben, wie ich meinen Vater erlebe und welche Rolle er in meinem Leben spielt. Ich glaube, dass unser Verhältnis ein ganz besonderes ist und nur sehr wenige Menschen meinen Vater so kennenlernen konnten wie ich. Diesen Eindruck möchte ich mit Ihnen teilen, denn er ist interessant, um den Menschen Albert Berner zu verstehen.

Hierfür muss man sich eines bewusst machen: Albert Berner lebte und lebt für sein Unternehmen. Er ist ein Entrepreneur alter Schule, der jeden Stein auf den anderen gelegt hat, um dahin zu kommen, wo er heute ist. Er ist mit dem Geschäft und an seinen Aufgaben gewachsen. Alles, worauf wir als Familie aufbauen - und das ist sehr viel - hat er mit seinem Einsatz geschaffen. Und dafür sind wir ihm zu großem Dank verpflichtet.

Das Unternehmen gibt und das Unternehmen nimmt. Gegeben hat es ihm sehr viel! Wohlstand. Ein Aspekt, der für jemanden, der als Kind ein paar Schuhe im Jahr hatte und nicht immer etwas zu essen, sicherlich sehr wichtig ist und auch eine Triebfeder der Arbeit seines Lebens war. Ebenso die große Anerkennung, die er heute genießt, wenn er auch ein Mensch ist, der großen Aufstand um seine Person nicht nötig hat und am liebsten vermeidet. In schweren Momenten, und davon gab es in seinem Leben viele, waren das Unternehmen und die Verantwortung, die damit verbunden ist, die Menschen, die hinter der Firma stehen, ein starker Halt und eine Perspektive - ein Grund weiterzumachen.

Das Unternehmen nimmt! Sein ganzes Leben hat er dem Unternehmen gewidmet. Die Aufgabe band ihn voll ein. Entscheidungen stellten sich oft nicht. Auch die Familie war davon nicht ausgeschlossen. Wir waren und sind eine Unternehmerfamilie und hängen im Guten wie im Schlechten an der Berner Gruppe.

Ein Mensch seiner Herkunft und mit seiner Biografie, jemand, der sein Leben für etwas gibt, sich zeitweise sogar für etwas aufgibt, hat es nicht leicht. Viele Aspekte unseres gemeinsamen Lebens waren nicht einfach für eine Vater-Sohn-Beziehung: Der große Altersunterschied beispielsweise, immerhin 50 Jahre - Generationen, die unterschiedlicher nicht sein könnten; die Nachfolge in der Führung seines Unternehmens. Viele Unternehmerkinder durfte ich kennenlernen, nur wenige waren wirklich im Einverständnis und ohne irgendetwas zu bedauern in die Fußstapfen ihrer Eltern getreten. Ihre Arbeit mit den Unternehmensgründern war oft von Einseitigkeit geprägt.

Worüber ich hier schreiben möchte, worauf ich bei meinem Vater so unendlich stolz bin, ist etwas, das

nicht selbstverständlich ist, ihn aber auszeichnet. Etwas, das unser Verhältnis maßgeblich prägt und das viele Menschen zu meinem Bedauern leider nicht tun:
Er kämpft für das, was ihm wichtig ist!

Er hat es sich selbst nie leicht gemacht, das Negative seiner Vergangenheit nie Herr seiner Entscheidungen werden lassen, sondern dafür gekämpft das Richtige zu tun. Er hat es sich auch mir gegenüber nie leicht gemacht, sondern mich so akzeptiert wie ich bin und mich stark gemacht.

Mein Vater hat mir, als ich Kind war, eines gesagt: Ich bin dein Freund. Und das war er. Er hat mich und meine Persönlichkeit immer akzeptiert, und unsere Freundschaft war und ist von Dialog, Respekt, gesunder Selbstkritik und unheimlich viel Herz geprägt. Er war immer da, wenn ich ihn gebraucht habe. Viele Dinge, auf die unser Dialog heute aufbaut, sind sein Verdienst und die Tatsache, dass er so hart an sich selbst gearbeitet hat. Und das verdient großen Respekt. Dadurch hat er mein Vertrauen und meine Bewunderung gewonnen, denn wir beide sind starke, eigenständige Menschen, die nur auf wirklichem Engagement füreinander eine Freundschaft aufbauen können. Und das war es auch, was mich in die Nachfolge bewegte. Er hat mich nie unter Druck gesetzt, sondern mich als Mensch akzeptiert und mich für sein Leben und seine Aufgabe begeistert.

So konnte ich offen dafür sein, die Werte meines Vaters und meiner Mutter für mein Leben anzunehmen: Bodenständigkeit, Respekt vor Menschen und natürlich Humor. Denn der zeichnet ihn besonders aus.

Nie sein Schicksal einfach zu akzeptieren und sich darin zu ergeben, sondern immer für das zu kämpfen, was man will, sei es die Freundschaft und Liebe zu einem anderen Menschen oder ein beruflicher Traum, das habe ich für mein Leben von ihm gelernt. Vielleicht können die Leser dieses Buches auch etwas für sich mitnehmen. Ich hoffe, dies wird Ihnen an der Geschichte von Albert Berner bewusst, und vor allem hoffe ich, dass Sie ihn ein bisschen so kennenlernen, wie ich ihn kennenlernen durfte - und ein bisschen mit ihm lachen können.

Vielen Dank, Papa, für alles, was du für mich getan hast. Ich bin unendlich stolz auf dich!

Dein Laki

INHALT

INHALT

Von einem Topolino träumte Albert Berner 1953 (aus dem Archiv: Deutsche Fiat AG).

Einleitung Träume im Wirtschaftswunderland

Als im Jahr 1953 die romantische Filmkomödie »Ein Herz und eine Krone« in die deutschen Kinos kam, da gehörte auch Albert Berner, damals 18 Jahre alt, zu den begeisterten Zuschauern. Der mit mehreren Oscars prämierte Film erzählt eine Liebesgeschichte. Hauptdarstellerin Audrey Hepburn spielt eine Prinzessin auf Staatsbesuch, die in Rom für ein paar Stunden ihren strengen protokollarischen Pflichten entflieht. Gregory Peck einen Journalisten, dem sie dabei über den Weg läuft und der seine große Chance wittert, die Story seines Lebens zu schreiben. Es kommt, wie es kommen muss, nach ein paar gemeinsam verlebten Abenteuern in Rom, unterwegs auf einer Vespa, verlieben die beiden sich ineinander. Sie müssen aber, wie sollte es anders sein, aufgrund ihrer Lebensumstände wieder voneinander lassen. Die Prinzessin kehrt zurück zu ihren Pflichten, der verliebte Reporter verzichtet auf seinen Erfolg in den Klatschspalten.

Aber die Zuschauer träumten natürlich ihre eigenen Träume. Im Falle Albert Berners war es der Traum von einem kleinen Topolino, wie die Italiener liebevoll ihren Fiat 500 getauft haben, der seit 1937 auch bei NSU-Fiat im nahen Neckarsulm gebaut wurde; einen Motorroller, wie er im Film zu sehen war, fuhr er bereits.

Außerdem träumte er von einem eigenen Häuschen und auf jeden Fall von einer so schönen Prinzessin wie Audrey Hepburn. Letzteres lag für ihn damals noch am ehesten im Bereich des Möglichen, denn bei den Mädchen war Albert Berner beliebt. Er konnte gut tanzen und singen, und er war sportlich aktiv: seit vielen Jahren als Fußballer, Leichtathlet, Handballer, und neuerdings versuchte er sich sogar beim Boxtraining.

Und was das Auto und das Häuschen anging – seit Albert Berner, sein Spitzname war Ben, 1952 seine Lehre als Großhandelskaufmann bei der Künzelsauer Firma Adolf Würth begonnen hatte, lagen auch diese Träume nicht mehr völlig außerhalb seiner Möglichkeiten. Der wilde Junge, der nach der Schule Metzger hatte lernen sollen und sich dabei sogar Prügeleien mit seinem Lehrherren geliefert hatte, war dabei, sich in einen ordentlichen und fleißigen jungen Mann zu verwandeln, dem ein gewisser bescheidener Erfolg im Leben sicher nicht versagt bleiben würde.

Nun wissen wir es heute natürlich besser. Albert Berner wurde trotz eines holprigen Starts einer der führenden Unternehmer seiner Region und seiner Branche – und als bescheiden kann man seine Erfolge ganz sicher nicht bezeichnen. Statt eines Topolino kaufte er sich 1957 einen alten Borgward Hansa, der ihm schon nach vier Wochen auf einer seiner ersten Geschäftsreisen als selbständiger Unternehmer den Dienst versagte

Albert Berner auf seinem heiß geliebten Motorroller

und durch einen Opel Rekord ersetzt wurde. Aus dem Traum vom Häuschen wurde bald ein stattliches Haus, und die Prinzessin - nun ja, auch da hat alles gepasst. Albert Berner fand nach dem frühen tragischen Tod seiner ersten Frau wieder eine neue Lebensgefährtin, Ursula Berner, mit der er seit mittlerweile 42 Jahren eine glückliche Ehe führt.

Wir wollen Sie hier in diesem Buch auf eine Reise durch das bewegte Leben Albert Berners einladen. Beginnend mit Kindheit und Jugend in der Kleinstadt Künzelsau, geht der Weg über die ersten Stationen des Berufslebens bis zur Lehre bei Adolf Würth.

Wir schauen dem dynamischen jungen Mann dabei zu, wie er sich 1957 mit nur wenig Mitteln, aber viel Mut und Ehrgeiz selbständig macht und wie erste Erfolge nicht lange auf sich warten lassen.

Wir erleben Albert Berner als Verkäufer, als findigen Entwickler neuer Produkte und als kreativen Unternehmer, der schon wenige Jahre nach der Gründung seiner Firma den Grundstein legt zum europäischen Konzern, zum Global Player, wie wir die Berner Gruppe heute kennen.

Neben der Entwicklung des Unternehmens und des Unternehmers Albert Berner soll dabei aber auch die menschliche Seite nicht zu kurz kommen - den Privatmenschen, den Sportler, auch diese Facetten seiner Persönlichkeit werden Sie kennenlernen.

Kindheit Auf dem Land und in der Kleinstadt 1935-1945

Albert Berner wurde am 12. Juli 1935 im baden-württembergischen Künzelsau (Hohenlohekreis) geboren. Er war das älteste Kind seiner Eltern, des 1911 geborenen Metzgermeisters und Kochs Albert Berner und seiner Frau Berta, geborene Stiefel, Jahrgang 1914. Er hat eine jüngere Schwester und zwei jüngere Brüder. Vor dem Krieg wohnte die Familie Berner in einer kleinen Hinterhofwohnung in Künzelsau. »Da erschrecken Sie, wenn ich Ihnen das zeigen könnte, so klein und eng war das.«

Hohenlohe war damals noch eine überwiegend landwirtschaftlich geprägte Region. Schon vor Beginn der württembergischen Herrschaft war der ausgesprochen kleinteilige und konfessionell sowie regional zersplitterte Landstrich, was Infrastruktur und Entwicklung anging, eher zurückgeblieben. Doch auch nach 1806 blieb Hohenlohe im Abseits. Man sprach vom Armenhaus des Königreichs, aus dem viele den Weg der Auswanderung in neue Welten suchten. Erst nach dem Zweiten Weltkrieg sollte aus Hohenlohe eine Wachstumsregion werden, gefördert mit Mitteln des Landes

Albert Berner liebte die Zeit bei seinen Großeltern auf dem Land.

Vater Albert (während des Heimaturlaubes), Mutter Berta, Großvater Alois, Albert junior (vorne links), Helmut und Irmgard

Baden-Württemberg, vorangebracht aber auch nicht zuletzt durch unternehmerische Initiativen wie die Albert Berners, dessen Unternehmen heute zu den Global Playern in Hohenlohe zählt.

Albert Berners Großeltern mütterlicherseits stammten aus Mainhardt, einer bis ins 20. Jahrhundert sehr armen Gemeinde, von Künzelsau aus in Richtung Backnang und Stuttgart gelegen. Der Großvater war Straßenmeister gewesen und schon im Alter von 38 Jahren gestorben. Er hatte mit seiner Frau acht oder neun Kinder. Alois Berner, der Großvater väterlicherseits, war ein kleiner Bauer in Laibach, einem kleinen Flecken zwischen Künzelsau und Bad Mergentheim, der auch heute nur rund 180 Einwohner zählt. Er war nebenbei Jäger und hatte sechs Kinder zu ernähren. Während des Ersten Weltkriegs diente er dem Schlossbesitzer des Ortes, Herrn von Racknitz, als Boy. Albert Berner erinnert sich an ihn als einen »lieben Kerl«.

Die Großeltern in Laibach, wo er während seiner Kindheit viel Zeit verbrachte, liebte Albert Berner. Dass er seine ersten Jahre, von denen ihm ansonsten vor allem noch die kratzigen Strümpfe und die Leib-und-Seel-Höschen in Erinnerung sind, als glücklich empfunden hat, lag weitgehend auch an ihnen. »Es war ein einfaches, aber glückliches Leben, das Bad hat man nicht so oft gesehen, aber ich wurde von meinen Großeltern und meiner ledigen Tante liebevoll betreut. Und es gab immer etwas zu essen.«

Albert Berners Vater konnte in der Zeit vor dem Zweiten Weltkrieg keine Arbeit als Metzger finden. Er war daher gezwungen, sein Geld auf dem Bauernhof und schließlich, bis zu seiner Einberufung, in der Fabrik von Schneider & Kern in Niedernhall mit der Herstellung von Kriegsmaterial zu verdienen. Auch die Mutter musste dazuverdienen, sie arbeitete bei der Kleiderfabrik Hermann, heute Mustang[1], als Näherin. Viel Zeit für die vier kleinen Kinder blieb dabei nicht.

Albert Berner wurde in seinen ersten Lebensjahren daher häufig aufs Land zu den Großeltern geschickt. Auch später, während des Kriegs, war er in den Ferien immer wieder gerne dort.

Die Laibacher Oma trug, wie das damals bei alten Frauen üblich war, weite Röcke und ein »Haarkränzle«. Woran Albert Berner sich noch ganz genau erinnern kann, ist ihr Todestag in den Sommerferien 1943. Seine Großmutter war schwer zuckerkrank und sollte nicht in der Sonne sitzen. Trotzdem saß sie an diesem denkwürdigen Tag im Hof und pulte Erbsen – »Brockele«, wie man im Schwäbischen sagt.

1 Das Textilunternehmen wurde im Mai 1932 von Luise Hermann als L. Hermann Kleiderfabrik in Künzelsau gegründet. Neben der Inhaberin waren sechs Näherinnen beschäftigt. Die Firma fertigte Berufsbekleidung. 1971 wurde die gesamte Produktion von Berufskleidung auf Jeansmode umgestellt.

Kocher- und Jagstbote

Nationalsozialistische Tageszeitung für den Oberamtsbezirk Künzelsau

Parteiamtliches Organ / Alleiniges Amtsblatt für sämtliche Behörden

Nr. 160 | Freitag, den 12. Juli 1935 | 107. Jahrgang

Verlag: „Kocher- und Jagstbote" G. m. b. H. Künzelsau, Fernsprecher Nr. 23. — Bezugspreis monatlich Mk. 1.60 (einschließlich 40 Pfg. Trägerlohn). Bei Postbezug monatlich Mk. 1.96. — Druck: Paul Locher's Buchdruckerei, Künzelsau. — Der „Kocher- und Jagstbote" erscheint 6mal wöchentlich. — Einzelnummer 10 Pfg. — Anzeigenpreis: Die 46 Millimeter breite Millimeter-Zeile 5 Pfg.; Amtliche Anzeigen 4,5 Pfg. Vergnügungsanzeigen, Vereinsanzeigen, die nicht der Wirtschaftswerbung dienen, Anzeigen von gemeinnützigen Unternehmen, Familienanzeigen, Gottesdienstanzeigen 4 Pfg. Die 68 Millimeter breite Reklamezeile 25 Pfg.

Außenpolitische Aussprache im englischen Unterhaus

sich fortsetze. Was Sowjetrußland anbetreffe, so seien die wirtschaftlichen und politischen Beziehungen zu diesem Lande besser als sie jemals waren.

Die Geburtstagsausgabe: Am 12. Juli 1935 wurde Albert Berner in Künzelsau geboren.

Die Großeltern väterlicherseits

Dabei fiel sie plötzlich um und wurde in ihr Schlafzimmer gebracht. »Das waren ganz einfache Zimmer über dem Stall«, so Albert Berner, der gegenüber auf der anderen Straßenseite bei seiner Tante untergebracht war - »da war so ein enges Wegle zwischen den beiden Häusern.« Morgens um zwei Uhr verlangte die Oma danach ihr Testament zu schreiben. Kaum war sie damit fertig, ist sie auch schon gestorben.

Die Tote wurde, wie damals auf dem Dorf üblich, in der Scheune aufgebahrt, und der achtjährige Albert Berner musste seinem Großvater dabei helfen, den Sarg zu schließen, aus dem noch die Füße der verstorbenen Großmutter heraushingen. Das gruselte den kleinen Jungen enorm. Doch noch schlimmer wird es wohl seinem Großvater ergangen sein, der in diesem traurigen Moment auch noch die Nachricht erhielt, dass einer seiner Söhne bei Nettuno in Italien gefallen war. Noch während er den Leichnam seiner Frau zur Beerdigung vorbereitete, kam ein Soldat auf einem Motorrad vorbei, um ihm diese Mitteilung zu überbringen. Und nur wenige Wochen später wurde auch Albert Berners zweiter Onkel aus Laibach als in Russland gefallen gemeldet.

Familie Berner lebte nach Kriegsausbruch ab 1941 wieder zusammen in einer Wohnung im dritten Stock der Künzelsauer Hauptstraße - damals Adolf-Hitler-Straße 58.

Schon in jungen Jahren neugierig auf die Welt

In diesem Haus durchlebte Albert Berner auch seine ganzen, damals nicht ungefährlichen Kinderkrankheiten wie Scharlach und Diphtherie.

Allerdings blieb der kriegsbedingt alleinerziehenden Mutter auch jetzt nicht viel Zeit sich um die Kinder zu kümmern. Albert Berner und seine Geschwister mussten sich, wie wohl viele Kinder ihrer Generation, in Kindergarten und Schule alleine durchschlagen. Man wurde dabei eigenständig und lernte für sich selbst zu sorgen und sich zu wehren.

Obwohl auch Albert Berner senior in den Krieg hatte ziehen müssen, hatte er doch mehr Glück als seine beiden gefallenen Brüder. Während seine Frau und die Kinder aus Angst vor Luftangriffen, von denen Künzelsau aber weitgehend verschont blieb, nachts gelegentlich in den kleinen Bunker im Garten mussten, konnte er als Feldwebel immerhin in seinem Beruf arbeiten. Er war Chefkoch in der Militärküche in Bamberg.

Bei Berners zu Hause waren die Verhältnisse eher bescheiden, auch was die täglichen Mahlzeiten anging. Obwohl es in Deutschland während des Zweiten Weltkriegs keine regelrechte Hungersnot gab, so war es doch nicht immer einfach, sich durchzuschlagen. Trotzdem erinnert sich Albert Berner daran, dass seine Mutter auch in schweren Zeiten immer gerne gesungen hat und guter Dinge war.

Die Eltern Berta und Albert Berner beim Tanz

Künzelsau um 1950 (aus dem Archiv: Stadt Künzelsau)

Der Brunnen vor dem alten Künzelsauer Rathaus

Kaum zu erkennen in ihren Kostümen: Albert Berner (kniend, ganz rechts) mit seinen Schulkameraden beim Fasching 1948

»Von ihr habe ich das musikalische Talent und die Liebe zur Musik geerbt.« Die Kinder in Künzelsau spielten wie überall »Pfeil-und-Bogen-Schießen« oder Straßenfußball oder sie übernahmen Aufgaben im Haushalt, wie Albert Berner, der sich erinnert, dass er oft noch spätabends im Dunkeln losgeschickt wurde, Milch für die Familie zu holen.

Dass die Nazipropaganda auch schon bei den Kindern erfolgreich war, auch daran erinnert sich Albert Berner. Nachdem der Vormarsch der deutschen Truppen in der Sowjetunion 1942 ins Stocken geraten war, setzte Propagandaminister Goebbels auf Durchhalteparolen, um die Stimmung in der Bevölkerung aufrechtzuerhalten. Der »totale Krieg« bis zum »Endsieg« hatte sich auch in den Köpfen der Jungen festgesetzt. Und so verwundert es nicht, wenn Albert Berner und seine Spielkameraden, die kurz vor Kriegsende nun zum ersten Mal wirklich mit dem Kampfgeschehen konfrontiert wurden, entsprechend reagierten. Als sie eines Tages während des Spiels einen Flugzeugabsturz beobachteten, waren sie »tieftraurig« darüber, dass es sich bei dem Verunglückten um einen deutschen Offizier handelte. Eine solche Niederlage war für sie bis dahin unvorstellbar gewesen.

Aber zumindest die Kinder konnten sich damit recht schnell arrangieren. Als am 12. April 1945 amerikanische Truppen in Künzelsau einmarschierten, war für sie nicht nur der Krieg zu Ende, sondern sie

Künzelsau: Schnurrgasse mit Morsbacher Tor

Künzelsau: zwischen Stuttgart, Ulm und Würzburg gelegen

Stadtbild heute (aus dem Archiv: Stadt Künzelsau)

empfanden die neue Zeit auch in anderer Hinsicht positiv. Albert Berner erinnert sich an seine erste Banane und eine Tafel Schokolade, die ihm ein amerikanischer Soldat schenkte - damals ein großes Erlebnis für den Jungen.

Für die Erwachsenen sahen die Dinge anders aus. Der Vater war nach dem Krieg wie fast 11 Millionen weitere Angehörige von Wehrmacht und Waffen-SS in Gefangenschaft geraten. Er kam für einige Monate in die Lager Remagen und Andernach. Vor allem im großen Kriegsgefangenenlager Remagen, zwischen Neuwied und Bonn gelegen, hatten in den letzten Kriegswochen, bedingt durch die Überfüllung, schreckliche Bedingungen geherrscht. Es gab weder Essen noch genügend Trinkwasser und viele der Insassen erkrankten an der Ruhr und starben. Und so kam auch Albert Berners Vater am 10. Geburtstag seines Sohnes, dem 12. Juli 1945, in einem erschreckenden Zustand zurück. Er war von 100 Kilo auf 50 Kilo abgemagert und an Skorbut erkrankt. Statt selbst ein Geschenk zum Geburtstag zu bekommen - wenn wir nicht die Rückkehr des Vaters als Geschenk bezeichnen wollen -, konnte Albert Berner seinem erschöpften Vater aber immerhin eine größere Menge von den Amerikanern »organisierte« Zigaretten präsentieren. Das war für die Kinder und Jugendlichen damals ein regelrechter Sport.

Jugend in Künzelsau 1945-1952

»Wir waren wie die wilden Hunde«

Seit 1941 besuchte Albert Berner in Künzelsau die Schule. Zu seinen Schulkameraden gehörten Reinhold Würth und Gerhard Sturm, heute ebenfalls Hohenloher Unternehmer von Weltrang. Schule, so erinnert Albert Berner sich, war damals jedoch nichts, was besonders ernst genommen wurde, auch nicht von den Eltern. 1945/46 war die Schule sogar für über ein halbes Jahr komplett geschlossen, es gab einfach keine Lehrer, die unterrichtet hätten. »Wir haben uns herumgetrieben.« Die Autorität der Erwachsenen war angeschlagen, sie waren damit beschäftigt, sich mit der Niederlage zu arrangieren und das tägliche Leben einigermaßen zu organisieren.

Die Jugendlichen lieferten sich gelegentlich kleinere Raufereien, meistens um Mädchen. Albert Berner war immer dabei, seinen Freunden beizustehen, auch wenn er heute schmunzelnd eingesteht, dass die eigene Partei nicht immer ganz unschuldig war und gelegentlich selbst den Anlass für die Schlägerei lieferte.

»Da hatte ich zeitweise einen fürchterlichen Ruf«, berichtet er, »auch noch während meiner Zeit als Lehrling.«

Kinderfest 1948: die Fußballklasse der Volksschule

Albert Berner

Alte Volksschule

Das letzte Jahr in der Volksschule 1948: Albert Berner (am Boden sitzend, 2. v. re.) stolz mit seiner neuen Uhr

Obwohl er kein schlechter Schüler war, fehlte für die Oberschule, die Albert Berner aufgrund seiner guten Noten hätte besuchen können, schlicht das Geld. 25 Reichsmark pro Monat konnten seine Eltern nicht aufbringen. Heute vermisst er vor allem die Sprachkenntnisse. Die wären ihm in vielen Situationen in seinem Leben als Unternehmer nützlich gewesen.

Stattdessen sollte er »ein gescheites Handwerk« lernen. Als er im Jahr 1948 die Schule beendete, war Albert Berner 13 Jahre alt. Sein Vater überredete ihn, eine Metzgerlehre im eigenen Betrieb anzufangen.

Vater Berner hatte, um mit der Familie zu überleben, nach dem Krieg zunächst bei einer Metzgerei in Künzelsau gearbeitet, die Mutter konnte wieder in ihrer alten Fabrik bei Hermann unterkommen. Als Albert Berner die Schule beendete, hatten seine Eltern jedoch bereits seit 1946 gemeinsam eine Wirtschaft mit Metzgerei in Künzelsau gepachtet, den »Löwen«, wo die Familie nun auch lebte. Hier konnte der Vater selbst den Sohn im Metzgerberuf ausbilden. Auch samstags musste der nun im Laden stehen und seine Mutter beim Verkaufen unterstützen. »Damals habe ich gemerkt, dass mir das Verkaufen richtige Freude macht. ›Grüß Gott Frau Müller, was möchten Sie?‹ – ›Hundert Gramm Lyoner.‹ – ›Gut so, vielen Dank – stimmt.‹ – das hab' ich gekonnt. Ich stand schon mit 14 Jahren in

Reichsmark

Die Klassentreffen waren immer gut besucht.

einer schwarzen Weste mit weißen Knöpfen im Laden und habe mitgeholfen.«

Doch der Vater gab diese Existenz wieder auf – Metzgerei und Gastwirtschaft waren eine zu große Arbeitsbelastung, der sich seine Frau, die häufig ins Krankenhaus musste, nicht lange gewachsen fühlte. Er pachtete stattdessen 1951 den »Bären«, eine Wirtschaft ohne Metzgerei an der Künzelsauer Hauptstraße, wo auch Sohn Albert noch bis zum Bau des ersten eigenen Hauses 1961 wohnte.

Dieser Wechsel brachte für Albert Berner Veränderungen mit sich. Seine Metzgerlehre sollte er nun anstatt im väterlichen Betrieb in einer Heilbronner Metzgerei und Gastwirtschaft fortführen. Jeden Sonntagabend radelte er die 50 Kilometer hin, am nächsten Samstag ging es mittags zurück nach Künzelsau. In einem kleinen Zimmer logierte er, abends spielte er auch in Heilbronn beim VfR Fußball, wie er das von zu Hause gewöhnt war.

Aber »das ging alles in die Hosen«, erinnert sich Albert Berner mit diesen drastischen Worten, »daran will ich eigentlich gar nicht mehr denken.« Insgesamt anderthalb Jahre versuchte er sich in dem ungeliebten Beruf. »Ich bin mit meinem Lehrherren damals nicht ausgekommen.« Zum Eklat kam es, als Albert Berner eines Tages vom Schlachthof ein halbes Rind und zwei

Sieben Paar Saitenwürstle waren dem Metzger zuviel.

Schweine mit dem schweren Leiterwagen, den Riemen über der Schulter, zur Metzgerei hochziehen musste – auch für einen sportlich durchtrainierten Jugendlichen eine fühlbare Anstrengung. Verständlich, dass er danach hungrig war.

»Ich hatte Kohldampf, wie man so sagt, und unser Chefkoch, ein Pfundskerl aus Mosbach, der fragte mich: ›Albert, hasch Hunger?‹ Sag ich: ›Ja, klar.‹ Und dann habe ich, das vergesse ich nie, sieben Paar Saitenwürschtle gegessen. Und dabei nebenher natürlich auch noch gearbeitet – ich habe in dieser Metzgerei wirklich viel gearbeitet, das kann man sich heute gar nicht mehr vorstellen. Als plötzlich der Chef kam und mich fragte: ›Wie viel Paar hasch denn jetzt scho gesse?‹, da war ich ehrlich und sagte: ›Sieben.‹ Und dann fing der an zu toben! Das hat mich so geärgert, da bin ich mit dem Rauchstock auf ihn los und bin anschließend hoch in mein Zimmer, in mein lumpiges, hab meine drei Unterhosen gepackt und bin heim.« Und verständlicherweise war dies das Ende seiner Zeit als Metzgerlehrling in Heilbronn.

Danach war es erst einmal schwierig für den jungen Mann, wieder Tritt zu fassen. Eine Karriere als Schreiner und als Schlosser endete so schnell, wie sie begonnen hatte. Der Lehrherr wollte Albert Berner am Abend nicht rechtzeitig zum geliebten Fußballtraining entlassen.

Nicht nur sportlich, sondern auch musikalisch ein Talent: beim Ausflug mit einer Teilgruppe des Gesangsvereins in den 50er-Jahren

Mit regelmäßigem Boxtraining hielt sich Albert Berner (von hinten) 1954 fit und setzt so seine Kräfte zielgerichtet ein.

Ein halbes Jahr arbeitete er dann im Tiefbau, damals eine nicht ungefährliche Angelegenheit. Einige seiner Kollegen wurden verschüttet und kamen dabei ums Leben, Albert Berner musste helfen, sie auszugraben. »Das waren ungesicherte Schächte, drei Meter tief. Und dann waren da die Kollegen. ›Jetzt gehst los und holst mir ein paar Flaschen Bier‹, sagte da einer zu mir. Dem sagte ich: ›Hol dein Bier selber.‹ Ich war aggressiv und habe mich gewehrt, wenn mir etwas nicht gepasst hat. Nichts ist damals so gelaufen, wie ich mir das gedacht habe.«

Immerhin verdiente Albert Berner sich eigenes Geld mit seiner Arbeit, 30 oder 40 Mark hatte er am Ende der Woche in der Tasche. »Ich konnte mir sogar Anzüge leisten. Ich wollte schaffen, es ist nämlich nicht schön, wenn man daheimsitzt und der Vater sagt: ›Du tust nix, du Tagdieb‹ ...«

Seine Eltern waren von der Entwicklung des Sohns nicht begeistert, Albert Berner war ein streitlustiger junger Mann geworden, der keiner Gelegenheit zur Auseinandersetzung aus dem Weg ging.

Rückblickend kann er selbst diese Dinge nüchtern betrachten. »Ich stand damals auf der Kippe. Mir hat jede Perspektive für mein künftiges Leben gefehlt.« Er hat heute Verständnis für junge Menschen, die sich in einer ähnlichen Situation befinden. »Nicht jeder wird in einem Elternhaus groß, wo er wirklich Unterstützung findet.« Trotzdem hat er sich damals mit dem Vater versöhnt. Denn auch seine Eltern, so weiß er inzwischen, hatten es nicht immer leicht. Nachdem der Vater um 1961 auch die zweite Gastwirtschaft wieder aufgegeben und noch einige Jahre eine gute Position als Schlachthausverwalter gefunden hatte, machte Albert Berner ihn sogar für einige Zeit zu seinem Kantinenchef in seinem eigenen Unternehmen. »Mein Vater war ein Spitzenmetzger und Spitzenkoch«, sagt er heute nicht ohne Stolz. »Seine Leberwurst war die beste. Als Lehrling hatte ich es schwer mit ihm, ich habe ihn verehrt, doch er hat mir immer wieder eins draufgegeben. Aber er war ein toller Metzger, der beste hier, und er war wahnsinnig fleißig, von ihm habe ich viel!«

Traumberuf Kaufmann 1952-1957

Seine eigene große Chance bekam Albert Berner dann schließlich von Adolf Würth. Obwohl sich immerhin zehn Leute um die Lehrstelle zum Großhandelskaufmann beworben hatten, die das kleine Unternehmen - eine Schraubengroßhandlung - 1952 ausschrieb, bekam Albert Berner den Zuschlag. Adolf Würth kannte den Schulkameraden seines Sohnes Reinhold und hatte wohl ein Gespür für das Potenzial des etwas aus der Bahn geworfenen 17-Jährigen.

»Ich weiß, dass du ein Früchtchen bist«, sagte er zum jungen Albert Berner, »aber du bekommst eine Chance.«

»Ab dem Tag habe ich mein Leben neu geordnet«, erinnert sich Albert Berner. »Ich wurde pünktlich, ordentlich und fleißig, der schönste und der sauberste Kerl der ganzen Stadt. Es war mein Traum, Kaufmann zu lernen. Schon bei meinem Vater in der Metzgerei hatte ich erkannt, dass mir eigentlich das Verkaufen den größten Spaß macht.«

Er konnte gut rechnen und bewältigte auch die übrigen Anforderungen an der kaufmännischen Berufsschule, die er 1955 mit dem Kaufmannsgehilfenbrief abschloss, ohne Probleme.

Ein Traum wird wahr: Der »junge Wilde« darf Kaufmann werden.

Vom selbst verdienten Geld gab es den ersten Maßanzug.

Schließlich war bei Adolf Würth jeder Mitarbeiter für alles zuständig, und der neue Lehrling hatte bereits die gesamte Korrespondenz kennengelernt - lediglich beim Steno, das weiß er noch, ließ er sich von den Mädchen helfen.

Albert Berner machte mit 17 Jahren den Führerschein, sodass er schon nach anderthalb Jahren für Adolf Würth in den Außendienst gehen konnte. Auch dort hat er schnell herausgefunden, dass das seine Sache war.

Für seine erste Fahrt schickte ihn der Chef noch mit dem Zug nach Hof und nach Bayreuth. »Er hat mir noch aus Spaß damit gedroht, am Bahnhof zu stehen - ›Ich werde gucken, ob Du wirklich wegfährst.‹« Doch Albert Berner war gut vorbereitet, er kannte alle Verkaufsartikel. Er zog seinen neuen Trenchcoat an und machte sich rechtzeitig auf den Weg. »Na, und auf dem Weg zum Bahnhof rutsche ich aus und lieg' im Dreck. Da habe ich mir in Bamberg erst mal ein kleines Hotel gesucht und Rotz und Wasser geheult.« Doch am nächsten Tag ging er mit inzwischen wieder gereinigtem Mantel und mit neuer Zuversicht los. »Aber dann, am ersten Tag - kein Auftrag! Wieder saß ich im Zimmer und hab' geheult wie ein Schlosshund. Dann habe ich mir aber mit den Sonderangeboten ein kleines Programm gemacht und bin am nächsten Morgen damit zuerst zu einem Sanitärhandel gelaufen - und ich habe am zweiten Tag drei Aufträge gemacht!«

Dieser Mercedes war eines seiner ersten eigenen Fahrzeuge.

Albert und Ursula Berner mit Reinhold Würth zur Feier des 70. Geburtstages auf dem Berner Firmengelände

Am Wochenende fuhr Albert Berner schließlich mit Aufträgen in Höhe von 1.500 Mark heim nach Künzelsau, daran erinnert er sich noch gut. »Und das Erste, was Herr Würth fragte, war: ›Albert, was hast du verkauft?‹ Und als ich es ihm gesagt habe, da lobte er mich, was sonst nicht so seine Art war: ›Fürs erste Mal sehr gut, ich bin stolz auf dich!‹«

Nach dieser Woche Einarbeitung beherrschte Albert Berner den Umgang mit den Kunden und das Verkaufen. Er wusste: »Meine Zukunft liegt im Außendienst.« Von Montag bis Mittwoch war er von da an unterwegs, Donnerstag war Berufsschulunterricht, am Freitag und Samstag bearbeitete Albert Berner im Betrieb seine Aufträge. Er war immer zuverlässig. »Adolf Würth hatte nie einen Grund, mit mir unzufrieden zu sein. Ich war damals in der Linie, ich war im Schuss. Mein Leben war eingeteilt, morgens Geschäft, mittags Geschäft - damals wurde samstags noch gearbeitet - und abends Sport. Da kamen dann die Glücksgefühle auf.«

Doch Anfang Dezember 1954 starb überraschend Adolf Würth. Neben Sohn Reinhold und Ehefrau Alma Würth gab es damals im Unternehmen lediglich noch den Lehrling Albert Berner und einen Prokuristen. Bis zur Beerdigung hatte Albert Berner sich bereits darauf eingerichtet, nach Beendigung seiner Lehre im März wahrscheinlich gehen zu müssen.

Albert Berner fühlte sich nicht nur der nun verwitweten Alma Würth verpflichtet, für ihn drohte damit auch sein neues Leben vorschnell zu Ende zu gehen. Die Zeit bei Würth war bis dahin eine schöne Zeit gewesen, er hatte endlich seinen Traumberuf gefunden, nebenbei jeden Abend intensiv seinen Sport betreiben können und war stolz auf seine Erfolge bei den Mädchen, die sich damals für den sportlichen jungen Verkäufer zu interessieren begannen. Er fing auch an, Wert auf seine äußere Erscheinung zu legen, und ließ sich von seinem selbst verdienten Geld regelmäßig Maßanzüge machen. Gerade jetzt - kurz vor Weihnachten - hatte er sich wieder einen Anzug auf Pump bestellt, und nun musste er auf Wunsch des neuen Firmenchefs, seines ehemaligen Schulkameraden Reinhold Würth, auf das Weihnachtsgeld verzichten. »›Kinder‹, sagte der damals, ›ich weiß nicht, wie es weitergeht.‹«

Als dieser aber dann im Januar mit einem neuen Mercedes angefahren kam, war der Prokurist darüber so verärgert, dass er umgehend kündigte. Für Albert Berner eröffnete sich damit die Chance, auch nach der Lehre noch im Betrieb bleiben zu können. Er bildete nun sogar selbst Lehrlinge mit aus.

Er erinnert sich, dass er damals sehr intensiv gearbeitet hat. Drei Tage die Woche war er weiterhin nun für Reinhold und Alma Würth auf Reisen, zwei Tage arbeitete er im Büro. Sobald der erste Lehrling eingestellt war, konnte Albert Berner sich ganz auf den Außendienst konzentrieren. Da er gut gearbeitet hat und nach Gewinn bezahlt wurde, hat er auch sehr gut verdient. Doch schon bald erkannte er, dass es neben seinem dynamischen jungen Chef wohl auf Dauer schwierig werden würde. »Wir haben uns zwar gut verstanden, aber ein bisschen jugendliche Eifersucht«, so Albert Berner, »war da schon im Spiel. Und mir wurde damals zunehmend klar, dass ich gerne etwas Eigenes machen wollte.«

Und so begann er, sich mit 21 Jahren auf die große Herausforderung der Selbständigkeit vorzubereiten.

Albert Berner und der Sport

»Ich war ein Talent, das hart trainieren musste«

»Mein Lebensweg war von klein auf vom Sport geprägt«, sagt Albert Berner über sich, »das hat mich immer wieder hochgehalten – das war und ist mein Leben.«

Schon als Kind war er sportlich aktiv. »Wir hatten doch nichts anderes. Wir waren Straßenfußballer, das war das Einzige, was wir konnten. Die armen Leute haben Fußball gespielt.«

Doch auch zum Fußballspielen braucht es eine minimale Ausrüstung, für die die väterliche Metzgerei gelegentlich das Ausgangsmaterial lieferte. »Nach dem Krieg, als mein Vater die Metzgerei im ›Löwen‹ hatte, da hab ich die Plunzen geklaut, die Mägen von den Säuen, wo eigentlich der Schwartenmagen reinkommt. Das waren unsere Hüllen für die Fußbälle. Die haben wir aufgeblasen und damit gekickt, bis es einen Schlag getan hat. Und mein Vater, dem die Plunzen natürlich gefehlt haben, der hat mich windelweich geschlagen.«

Als Jugendlicher, um 1955, 1956, spielte Albert Berner bereits ein Jahr in der Landesliga in der ersten Mannschaft beim TSV Künzelsau. »Ich habe ja von klein auf

Interne Firmenfußballturniere fanden immer großen Anklang, Berner Deutschland mit Albert Berner im Tor gegen Berner Frankreich

BERNER

Der Weg zum »Schicksalsspiel«: Beim Kinderfest 1948 gewannen die Volksschüler gegen die Oberschüler.

Fußball gespielt. Ich war Feldspieler, Verteidiger, so einer wie später Hans-Georg (Katsche) Schwarzenbeck, knochenhart. Ich war schnell und konnte springen. Ich bin B-Jugend-Meister geworden, A-Jugend-Meister – ich war in der zweiten Mannschaft, in der ersten Mannschaft, ich habe alles durchgemacht. Aber als ich anfing, von Sonntag bis Freitag zu reisen, und als ich mich dann auch noch selbständig gemacht habe, da war mit 21 Jahren Schluss mit dem Fußball. Das war schade, wir waren ein Spitzenclub und haben gegen die ganzen großen Vereine gespielt, Backnang, Heilbronn. Aber für mich war das vorbei, ich konnte aus Zeitmangel nicht mehr trainieren.«

Macht auch als Torwart eine gute Figur

Große Ehre: Die Fritz-Walter-Prominentenelf spielte in Künzelsau.

»ICH WAR EIN TALENT, DAS HART TRAINIEREN MUSSTE«

Beim Hochsprung schaffte Albert Berner knapp 1,70 m.

Als aktiver Torwart in der Firmenmannschaft 1972

Albert und Ursula Berner spielten gern gemeinsam Tennis.

Immer ein Vorbild für seine Mitarbeiter. Bis 70 spielte der Unternehmer noch bei seinen Firmenmannschaften mit.

Zehn Jahre später allerdings landete er mit 30 Jahren bei einem Hallenturnier in der Stadthalle wieder beim Fußball, diesmal im Tor der AH-Mannschaft. Und er blieb dort bis vor ein paar Jahren aktiv. »Erst mit 70 habe ich aufgehört. Die Knie ...«

Wofür er auch nach dem Ende seiner jugendlichen Fußballkarriere noch etwas Zeit hatte, war die Leichtathletik. Auch damit hatte Albert Berner schon als Jugendlicher beim TSV Künzelsau begonnen. »Ich bin Ehrenmitglied dort, ich bin über 65 Jahre im Verein.« Seine Disziplinen waren Hochsprung und Sprint. »Untrainiert bin ich um die 1,70 gesprungen und ich bin 11,5 Sekunden Bestzeit gelaufen über 100 Meter ohne Training. Außerdem war ich ein guter Startmann bei Staffelläufen. Trotzdem, ich war ein Talent, das hart trainieren musste, ein guter Durchschnittssportler.« Nicht genug damit, versuchte Albert Berner sich als 18-Jähriger auch noch eine Zeit lang in Ingelfingen im Boxtraining. »Das hat mir sehr viel Spaß gemacht, ich hatte einen wunderschönen linken Haken.« Doch ständig geplatzte Augenbrauen und blaue Augen, »das ging im Büro nicht lange gut.«

»Wir waren 17 Jahre alt und trainierten mit den aktiven Fußballern des VfR Heilbronn zu deren besten Zeiten. Seit circa 15 Jahren ist Albert mein Golfpartner. Seine Fairness, Sportlichkeit, Lebensfreude, Bescheidenheit und sein Humor machen ihn zu einem meiner allerbesten Freunde. Er ist ein wunderbarer Mensch.«

Paul Schulz (Rainbow International Design), langjähriger Freund und Golfpartner

1957 gründete Albert Berner zusammen mit Wilhelm Ottenbacher die Männerriege des TSV Künzelsau.

Am Sport schätzt Albert Berner nicht nur die Leistung, sondern auch die Geselligkeit, und so gründete er zusammen mit einem Sportskollegen mit 21 Jahren im TSV Künzelsau die Männerriege, eine Gruppe mit inzwischen rund 35 Mitgliedern, die bis heute existiert und die neben regelmäßigem Training in den Disziplinen Fußball, Volleyball und Turnen auch Ausflüge und Feste unternimmt. »Denen habe ich 45 Jahre vorgestanden. Darauf bin ich stolz. Ich habe sie trainiert, wenn der Trainer nicht da war, ich habe Ausflüge organisiert – wunderschöne Ausflüge in die Berge. Wir haben jeden Gipfel genommen im Allgäu und in Österreich. Jedes Jahr sind wir für drei Tage in die Berge gefahren. Da waren vom Chefarzt bis zum Hilfsarbeiter alle dabei.«

Heute geht Albert Berner nur noch zu den Fahrradtouren und zu den Weihnachtsveranstaltungen, aber er freut sich darüber, dass er einen Nachfolger gefunden hat und die Männerriege weiter besteht.

Die Männerriege bei einem Wanderausflug

»Albert Berner war über 40 Jahre für die Männerriege des TSV Künzelsau Motor, Mentor und Motivator in einer Person. Als Teamleader forderte er von seinen Mitspielern vor allem Disziplin und Einsatz. Denn er hatte stets ein klares Ziel vor Augen: Vorlage, Schuss, Tor! Er freute sich tierisch über den Erfolg, aber er konnte sich bei einer Niederlage auch fuchsteufelswild ärgern. Auf einen Nenner gebracht: Albert Berner ist ein ehrgeiziger Fußballer und großer Sportsmann – geradlinig, direkt, emotional.«

Peter Uhle (Uhle Gerüstbau), Golffreund und Mitglied der Männerriege

ALBERT BERNER UND DER SPORT

»ICH WAR EIN TALENT, DAS HART TRAINIEREN MUSSTE«

Mitte der 50er-Jahre: Albert Berner (2. v. re.) war ein guter Startläufer beim Staffellauf.

Eine ausgezeichnete Tennisspielerin: Ursula Berner in Aktion

Die Mulligans mit dem ehemaligen Fußballtorwart Sepp Maier

Zusammen mit seiner Familie hat er sich während seiner Zeit als Unternehmer dann auch fast 35 Jahre lang dem Tennisspiel zugewandt. »Vor allem meine Frau Ulla war eine ausgezeichnete Tennisspielerin. Ich selber war kein guter Einzelspieler, aber ein guter Doppelspieler, weil ich Linkshänder bin. Tennis war uns wichtig damals.«

Heute, nachdem Albert Berner vor zehn Jahren eine schwere Herzerkrankung überstanden hat, spielen die Berners zusammen aktiv Golf bei den Mulligans. Wann immer es möglich ist, geht der Unternehmer zweimal die Woche zum Golfplatz, wo er sich sehr wohlfühlt. »Wenn man Handicap 13,5 hat, dann sind das immerhin vier bis fünf Stunden, die man unterwegs ist. Da weiß ich hinterher, was ich gemacht habe.« Und wann immer er kann, geht er walken, schwimmt und fährt Rad. »Zweimal die Woche mache ich eine Radtour, so um die 15, 20 Kilometer. Und einmal im Jahr fahren wir nach Schöntal rüber, da geht's sechs Kilometer den Berg hoch mit neun Prozent Steigung. Das fahre ich durch, da steige ich nicht ab. Und ich habe mir vorgenommen, das bis 75 durchzuhalten. Wenn ich dann absteige, dann muss ich mich nicht schämen.«

Auf die Frage, wie und warum er es die ganzen Jahre geschafft hat, sich für seine sportlichen Aktivitäten die Zeit zu nehmen, hat er zwei Antworten.

Die Mulligans treffen sich eigentlich zweimal die Woche zum Golfspielen in Friedrichsruhe. Doch manchmal wird auch in festlicher Runde gefeiert und gesungen, wie hier beim runden Geburtstag eines Golffreundes.

»Seit neun Jahren bin ich Teil der Allwetterrunde auf den Golfplätzen der Region, und die Mulligans sind mir in den vielen schönen, aber auch kämpferischen Golfrunden mit gastronomischen Abschlüssen sehr ans Herz gewachsen. Albert Berner ist einer der Lenker dieser Runde. Vor allem Pünktlichkeit, Konzentration auf das Wesentliche, Präzision, Durchsetzung und die Eigenschaft, ein Team zusammenzuhalten, auch ein offenes Ohr zu haben und bei Bedarf auch Kamerad zu sein, das sind seine Stärken und die Instrumente seines Erfolges – im Beruf wie auch beim Golfsport.«

Herbert Maile (ehemaliger Geschäftsführer LTG, Stuttgart), Golffreund

Stolzer Fang aus dem eigenen Fischersee

Volle Konzentration beim Putt: Das könnte klappen

Eine schöne Überraschung zum 70. Geburtstag:
Die Berner Azubis gratulieren und schenken Albert Berner eine gemeinsame, natürlich sportliche Aktivität.

»Eines habe ich nicht gemacht, ich habe mein Leben trotz der Arbeit nie ganz aufgegeben, vor allem den Sport nicht. Abends habe ich mir dafür immer Zeit genommen und bin zum Turnen gegangen. Meine Frau war selbst eine gute Sportlerin, und auch die Kinder waren sehr sportlich - wir waren und sind nach wie vor eine Sportlerfamilie. Deshalb lebe ich auch heute noch, trotz der schweren Krankheit.«

Zum anderen entspricht sportlicher Ehrgeiz seinem Naturell. »Ich möchte nicht verlieren. Natürlich bin ich Sportsmann genug, wenn es denn doch einmal so kommt, zu sagen: ›Gratuliere, Du warst besser‹, das ist klar. Aber ich streng' mich schon an. Sonst hätte ich ja auch meinen Betrieb nicht erfolgreich führen können. Die Kraft ›Ben, das schaffst du‹, die kam aus dem Sport.«

Firmengründung 1957

»Es war schon eine kitzelige Sache«

Albert Berner wusste, dass er gut verkaufen konnte. Schon bald beschloss er daher - mit gerade einmal 21 Jahren - »heimlich, still und leise«, es selbst mit einer kleineren Firma als reisender Vertreter zu versuchen. Er war sich sicher, im Fall eines Scheiterns wieder irgendwo eine Stelle zu finden, obwohl er nie in die Versuchung kam, dies tatsächlich auszuprobieren. »Ich hätte überall hingehen können, aber das wollte ich nicht.«

Viele seiner Kunden bestätigten ihn in seinem Vorhaben und signalisierten ihm schon im Voraus Unterstützung. Er hatte unter ihnen viele Freunde gewonnen, die ihm nicht nur Aufträge in Aussicht stellten, sondern ihm teilweise sogar die unterzeichneten Schecks gleich mitgaben, damit Albert Berner dann beim Abschicken der Ware nur noch das Datum eintragen musste. Immerhin 30 oder 40 Handwerker haben ihm in den ersten Monaten auf diese oder ähnliche Weise geholfen.

Der allererste Kunde, der Leiter einer Mercedes-Werkstatt in Dortmund, hatte ihm schon im Voraus einen

Mit einem Büro im Keller der Oberamteistraße fing alles an.

Arbeit an der Abwiegestation für DIN- und Normteile

Scheck über 3.000 Mark ausgeschrieben, sodass Albert Berner bereits am 2. April die ersten Aufträge ausliefern konnte. Unterstützt wurde er auch von Heinz Rataycak, einem Borgward-Lagerleiter in Braunschweig, der später bei einem seiner Jubiläen als Ehrengast eingeladen war. »Als ich dem sagte, dass ich mich selbständig mache, schickte er mich in die Werkstatt: ›Geh nach hinten und schreib auf, was du brauchst.‹« Auch Herr Durst in Dortmund oder Herr Richter vom VW-Großhändler Wenmeyer-Castrup in Bielefeld gehörten zum Kreis seiner guten Freunde. »Der Herr Richter, der mochte mich. Als ich dem erzählte, dass ich mich selbständig mache, sagte der sofort: ›Albert, du kriegst die Aufträge.‹ 10.000 Nummernschildschrauben, daran hat man damals sehr gut verdient.«

Auch im Rückblick ist diese Unterstützung für Albert Berner immer noch etwas ganz Besonderes. Die Kunden kannten ihn schon seit mehr als zweieinhalb Jahren, bei manchen war er auch ein gern gesehener Übernachtungs- oder Essensgast – immerhin war er als Verkäufer für Würth und auch in der ersten Zeit als Selbständiger in ganz Deutschland unterwegs und froh, wenn er nicht immer im Hotel nächtigen musste.

Mitte Februar 1957 kündigte Albert Berner bei Würth, wo man verständlicherweise nicht begeistert war. Allerdings hat man sich auch unter Konkurrenten langfristig die gegenseitige persönliche Wertschätzung

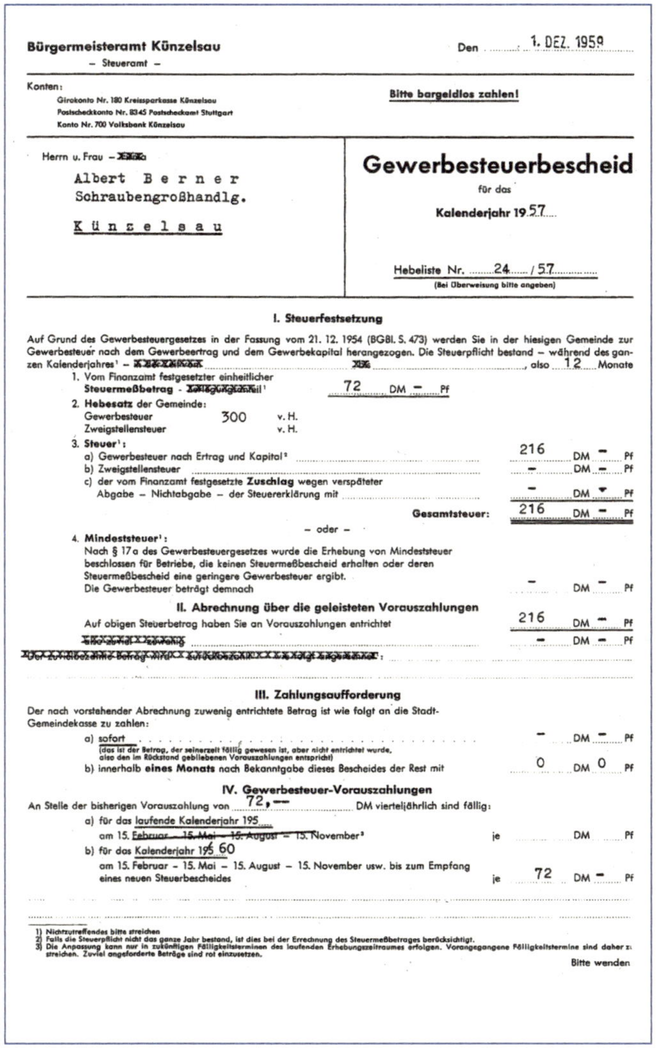

Bürgermeisteramt Künzelsau
– Steueramt –

Den 1. DEZ. 1959

Konten:
Girokonto Nr. 180 Kreissparkasse Künzelsau
Postscheckkonto Nr. 8345 Postscheckamt Stuttgart
Konto Nr. 700 Volksbank Künzelsau

Bitte bargeldlos zahlen!

Herrn u. Frau
Albert Berner
Schraubengroßhandlg.
Künzelsau

Gewerbesteuerbescheid
für das
Kalenderjahr 1957

Hebeliste Nr. 24 / 57
(Bei Überweisung bitte angeben)

I. Steuerfestsetzung

Auf Grund des Gewerbesteuergesetzes in der Fassung vom 21. 12. 1954 (BGBl. S. 473) werden Sie in der hiesigen Gemeinde zur Gewerbesteuer nach dem Gewerbeertrag und dem Gewerbekapital herangezogen. Die Steuerpflicht bestand – während des ganzen Kalenderjahres[1] – , also 12 Monate

1. Vom Finanzamt festgesetzter einheitlicher **Steuermeßbetrag** – 72 DM – Pf
2. **Hebesatz** der Gemeinde:
   Gewerbesteuer 300 v. H.
   Zweigstellensteuer v. H.
3. **Steuer**[1]:
   a) Gewerbesteuer nach Ertrag und Kapital[2] 216 DM – Pf
   b) Zweigstellensteuer – DM – Pf
   c) der vom Finanzamt festgesetzte **Zuschlag** wegen verspäteter Abgabe – Nichtabgabe – der Steuererklärung mit – DM – Pf
   Gesamtsteuer: 216 DM – Pf

– oder –

4. **Mindeststeuer**[1]:
   Nach § 17a des Gewerbesteuergesetzes wurde die Erhebung von Mindeststeuer beschlossen für Betriebe, die keinen Steuermeßbescheid erhalten oder deren Steuermeßbescheid eine geringere Gewerbesteuer ergibt.
   Die Gewerbesteuer beträgt demnach – DM – Pf

II. Abrechnung über die geleisteten Vorauszahlungen

Auf obigen Steuerbetrag haben Sie an Vorauszahlungen entrichtet 216 DM – Pf
~~also zuviel – zuwenig~~ – DM – Pf
~~Der zuviel bezahlte Betrag wird – zurückbezahlt – [illegible]~~:

III. Zahlungsaufforderung

Der nach vorstehender Abrechnung zuwenig entrichtete Betrag ist wie folgt an die Stadt-Gemeindekasse zu zahlen:
a) sofort – DM – Pf
(das ist der Betrag, der seinerzeit fällig gewesen ist, aber nicht entrichtet wurde, also den im Rückstand gebliebenen Vorauszahlungen entspricht)
b) innerhalb **eines Monats** nach Bekanntgabe dieses Bescheides der Rest mit 0 DM 0 Pf

IV. Gewerbesteuer-Vorauszahlungen

An Stelle der bisherigen Vorauszahlung von 72,— DM vierteljährlich sind fällig:
a) für das laufende Kalenderjahr 195..
   am 15. ~~Februar – 15. Mai – 15. August – 15.~~ November[3] je DM Pf
b) für das Kalenderjahr 1960
   am 15. Februar – 15. Mai – 15. August – 15. November usw. bis zum Empfang eines neuen Steuerbescheides je 72 DM – Pf

1) Nichtzutreffendes bitte streichen
2) Falls die Steuerpflicht nicht das ganze Jahr bestand, ist dies bei der Errechnung des Steuermeßbetrages berücksichtigt.
3) Die Anpassung kann nur in zukünftigen Fälligkeitsterminen des laufenden Erhebungszeitraumes erfolgen. Vorangegangene Fälligkeitstermine sind daher zu streichen. Zuviel angeforderte Beträge sind rot einzusetzen.

Bitte wenden

Der erste Gewerbesteuerbescheid

und einen gewissen Respekt füreinander nicht versagt. Albert Berner war noch vier Wochen für das Unternehmen unterwegs, lediglich die letzten 14 Tage war er freigestellt und konnte sein eigenes Verkaufs- und Werbematerial herstellen. Den ersten selbst gemachten Musterkoffer hatte er schon im Auto liegen. »Das war alles selber gemacht. Ich habe Schräuble auf Kartons festgemacht, die ich mit dunkelblauem Samt überzogen hatte, und jeweils daruntergeschrieben, was es ist.«

Herausforderungen stellten sich dem künftigen Unternehmer Albert Berner aber trotz aller Solidarität vonseiten der guten Kunden noch mehr als genug. Wie kauft man Ware ein, wie kommt man an Geld von der Bank, wie bekommt man ein Auto? »Das war schon eine wagemutige Zeit.« Und nicht alle haben es ihm leicht gemacht.

Als er etwa mit den Schecks seiner Kunden im Hintergrund zur Schraubenfabrik ging, um einzukaufen, erwartete ihn bereits hier die erste Hürde. Eine Firma beispielsweise wollte überhaupt nicht an ihn liefern mit der Begründung, »wir beliefern bereits den Herrn Würth.« Ein Wink mit der IHK habe aber, so erinnert sich Albert Berner, gewirkt, und einen Tag später erhielt er die Zusage für die Ware. Das nächste Problem war das fehlende Geld. Die Zulieferer gaben Albert Berner erst Kredit, als ein ihm gewogener Bankdirektor bei der Künzelsauer Volksbank für die noch ausstehende Summe bürgte.

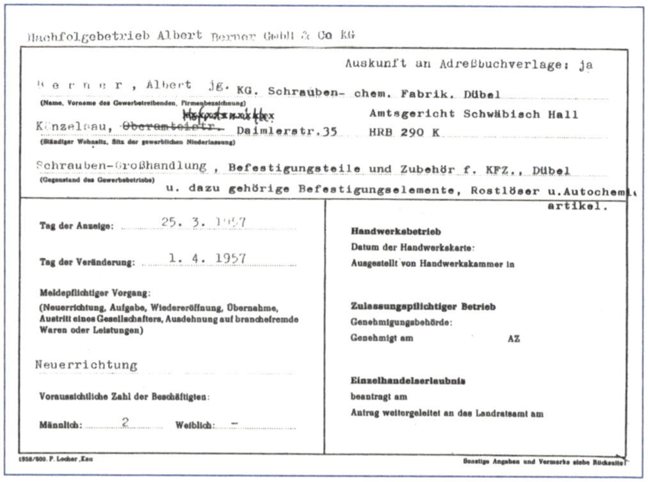

Hachfolgebetrieb Albert Berner GmbH & Co KG

Auskunft an Adreßbuchverlage: ja

Berner, Albert jg. KG. Schrauben- chem. Fabrik. Dübel
(Name, Vorname des Gewerbetreibenden, Firmenbezeichnung)

Amtsgericht Schwäbisch Hall
Künzelsau, ~~Oberamteistr.~~ Daimlerstr.35 HRB 290 K
(Ständiger Wohnsitz, Sitz der gewerblichen Niederlassung)

Schrauben-Großhandlung, Befestigungsteile und Zubehör f. KFZ., Dübel
(Gegenstand des Gewerbebetriebs)
u. dazu gehörige Befestigungselemente, Rostlöser u.Autochemie-artikel.

Tag der Anzeige: 25. 3. 1957

Tag der Veränderung: 1. 4. 1957

Meldepflichtiger Vorgang:
(Neuerrichtung, Aufgabe, Wiedereröffnung, Übernahme, Austritt eines Gesellschafters, Ausdehnung auf branchefremde Waren oder Leistungen)

Neuerrichtung

Voraussichtliche Zahl der Beschäftigten:

Männlich: 2 Weiblich: –

Handwerksbetrieb
Datum der Handwerkskarte:
Ausgestellt von Handwerkskammer in

Zulassungspflichtiger Betrieb
Genehmigungsbehörde:
Genehmigt am AZ

Einzelhandelserlaubnis
beantragt am
Antrag weitergeleitet an das Landratsamt am

1958/500. P. Locher, Kau

Sonstige Angaben und Vermerke siehe Rückseite!

1957 der Start mit einer Schrauben-Großhandlung

Der gebrauchte Borgward versagte schon bald den Dienst.

Mitte März hatte er dann die erste Ware, und am 1. April fing er an auszuliefern.

»Es ging recht flott los. Ich habe mich selbst gewundert, wie das alles plötzlich ins Laufen kam – viele andere Leute auch, die hatten mir das ja nie zugetraut.« Eine Schulfreundin beispielsweise, in deren Autohaus er in seiner Anfangszeit einmal vier neue Reifen kaufen wollte, gab ihm diese nur gegen sofortige Bezahlung.

Albert Berner hatte beim Start neben den 3.000 Mark von seinen Kunden lediglich ein altes Auto zur Verfügung. Seinen gebrauchten alten Borgward Hansa 1500 hatte er »auf Gegengeschäft« gegen Lieferung von Ware von einem Stuttgarter Borgward-Großhändler bekommen. Nach nur wenigen Wochen versagte der Wagen allerdings bereits seinen Dienst und musste ersetzt werden. »Damals habe ich mir dann gleich einen neuen Opel Rekord gekauft! Gelb. Mit weißem Dach und Weißwandreifen. Da war ich richtig stolz! Aber ich fuhr ja im Jahr auch 80.000 Kilometer.«

Die Woche über war Albert Berner zunächst als einziger Verkäufer seines kleinen Unternehmens in ganz Deutschland unterwegs. Er besuchte alle großen Städte von München bis Hamburg. Samstags bearbeitete er seine Aufträge und erledigte den Papierkram. Nachdem er in seinem Schlafzimmer bei den Eltern im »Bären«

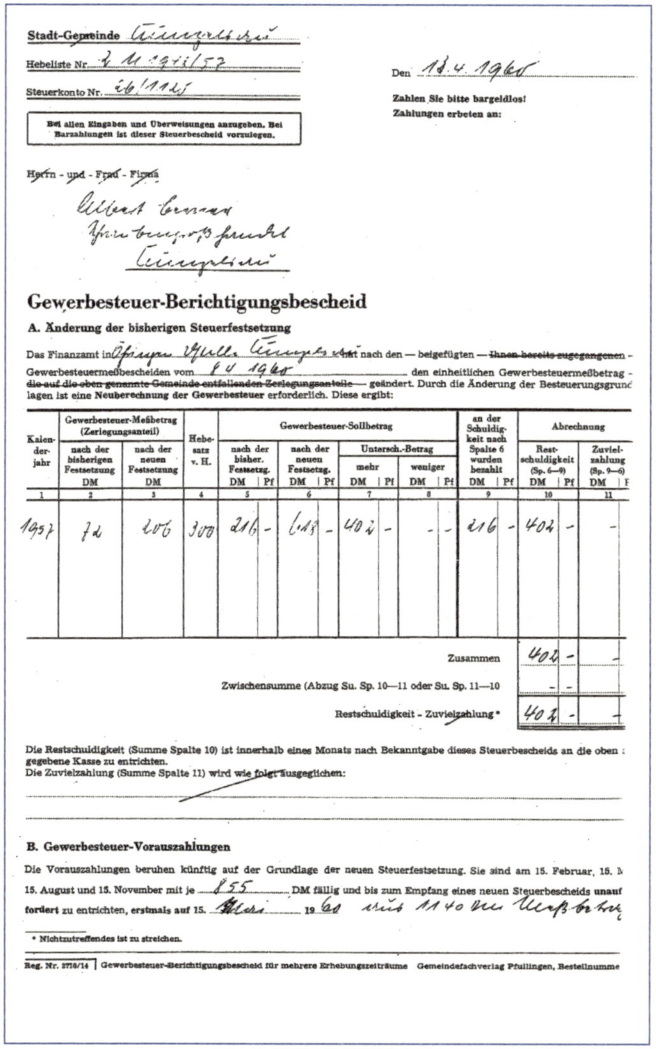

Stadt-Gemeinde [illegible]

Hebeliste Nr. [illegible]/57

Steuerkonto Nr. 26/1125

Den 18.4.1960

Bei allen Eingaben und Überweisungen anzugeben. Bei Barzahlungen ist dieser Steuerbescheid vorzulegen.

Zahlen Sie bitte bargeldlos!
Zahlungen erbeten an:

~~Herrn~~ - ~~und~~ - ~~Frau~~ - ~~Firma~~

Albert Berner
[illegible]
[illegible]

Gewerbesteuer-Berichtigungsbescheid

A. Änderung der bisherigen Steuerfestsetzung

Das Finanzamt in [illegible] hat nach den — beigefügten — ~~Ihnen bereits zugegangenen~~ — Gewerbesteuermeßbescheiden vom 8.4.1960 den einheitlichen Gewerbesteuermeßbetrag — ~~die auf die oben genannte Gemeinde entfallenden Zerlegungsanteile~~ — geändert. Durch die Änderung der Besteuerungsgrundlagen ist eine **Neuberechnung der Gewerbesteuer** erforderlich. Diese ergibt:

Kalenderjahr	Gewerbesteuer-Meßbetrag (Zerlegungsanteil) nach der bisherigen Festsetzung DM	nach der neuen Festsetzung DM	Hebesatz v. H.	Gewerbesteuer-Sollbetrag nach der bisher. Festsetzg. DM Pf	nach der neuen Festsetzg. DM Pf	Untersch.-Betrag mehr DM Pf	weniger DM Pf	an der Schuldigkeit nach Spalte 6 wurden bezahlt DM Pf	Abrechnung Restschuldigkeit (Sp. 6—9) DM Pf	Zuvielzahlung (Sp. 9—6) DM Pf
1	2	3	4	5	6	7	8	9	10	11
1957	72	206	300	216 -	618 -	402 -	- -	216 -	402 -	-
								Zusammen	402 -	-
								Zwischensumme (Abzug Su. Sp. 10—11 oder Su. Sp. 11—10	- -	
								Restschuldigkeit - ~~Zuvielzahlung~~*	402 -	-

Die Restschuldigkeit (Summe Spalte 10) ist innerhalb eines Monats nach Bekanntgabe dieses Steuerbescheids an die oben angegebene Kasse zu entrichten.
Die Zuvielzahlung (Summe Spalte 11) wird wie ~~folgt~~ ausgeglichen:

B. Gewerbesteuer-Vorauszahlungen

Die Vorauszahlungen beruhen künftig auf der Grundlage der neuen Steuerfestsetzung. Sie sind am 15. Februar, 15. Mai, 15. August und 15. November mit je 855 DM fällig und bis zum Empfang eines neuen Steuerbescheids unaufgefordert zu entrichten, erstmals auf 15. [illegible] 1960 [illegible] 1140 [illegible]

* Nichtzutreffendes ist zu streichen.

Reg. Nr. 3710/14 | Gewerbesteuer-Berichtigungsbescheid für mehrere Erhebungszeiträume Gemeindefachverlag Pfullingen, Bestellnummer

Gewerbesteuer-Berichtigungsbescheid

angefangen hatte, mietete er nach kurzer Zeit in Künzelsau, in der Oberamteistraße, im Keller des Hauses Nummer 20 für wenig Geld drei kleine Räume. Hier konnte er sein Material lagern.

Am 2. Mai 1957 konnte Albert Berner Schecks über insgesamt 30.000 Mark zur Bank bringen, die ihm ihrerseits 10.000 Mark vorgestreckt hatte – 30.000 Mark Umsatz gleich im ersten Monat. Sein Wareneinsatz lag damals bei rund 13.000 Mark. »Und so hab' ich geschafft«, erinnert er sich. »Ich habe vom ersten Tag an Gewinn gemacht, und ich hatte von Beginn an keine roten Zahlen.«

Seinen früheren Chef traf er nur einmal in dieser ersten Zeit persönlich bei einem Kunden. Man einigte sich höflich darauf, dass Albert Berner warten würde, bis Reinhold Würth seine Verhandlungen dort abgeschlossen hatte, erst dann brachte er seine Ware an den Mann. Aber selbstverständlich dürften sich beide Unternehmen auch in diesen ersten Jahren gegenseitig schon sehr genau beobachtet haben, um immer im Bild zu sein, was die Konkurrenz gerade plante. »Er war am Anfang sehr reserviert. Das hat sich dann aber schnell gelegt.«

Die ersten Monate waren für Albert Berner eine anstrengende Zeit, »aber im Grunde lief es gut.

Der Firmengründer an seinem ersten eigenen Schreibtisch

»Und so hab' ich geschafft. Ich habe vom ersten Tag an Gewinn gemacht, und ich hatte von Beginn an keine roten Zahlen.«

Albert Berner

Die erste Firma wurde in Künzelsau gegründet.

Eine reibungslose Logistik war schon immer wichtig.

Da war Vertrauen da. Und wenn man viel draußen ist und mit den Kunden gut arbeitet, dann kommt man relativ schnell voran. Meine Stärke waren Pünktlichkeit und Zuverlässigkeit. Ich habe bei den größten Kunden, die ich alle besucht habe, sehr schnell viele Aufträge bekommen.«

Bei so vielen Aufträgen konnte Albert Berner schon recht bald die ersten Mitarbeiter einstellen. »Da waren auch ein paar rechte Flaschen dabei«, erinnert er sich, aber das merkte er dann sehr schnell. Eine für Büroarbeiten eingestellte Dame beispielsweise musste er bald wieder entlassen, sie arbeitete nur, wenn der Chef im Haus war. Aber Albert Berner fand kurzfristig einen Ersatz, eine Frau, die wenigstens das Verschicken der Päckchen für ihn übernahm. Er pflegte mittlerweile seine Aufträge von unterwegs per Post nach Künzelsau zu schicken, damit sie dort bearbeitet und versendet wurden. »Wenn etwas sehr eilig war, dann habe ich das auch telefonisch gemacht. Das wurde dann ja alles sehr schnell mehr.« Im ersten Jahr belief sich der Umsatz bei Berner schon auf 300.000 Mark.

Für Albert Berner standen damals neben diesem beeindruckenden beruflichen Erfolg in den turbulenten ersten Monaten auch private Veränderungen an – »Ich musste ja auch familiär noch in die Pötte kommen.«

Albert Berner gründet eine Familie

»Familiär in die Pötte kommen«

Albert Berners Familiengründung verlief rasant, aber sie endete im ersten Anlauf tragisch.

Gisela Berner stammte aus einer Flüchtlingsfamilie, die nach dem Krieg zunächst nach Künzelsau gekommen war, bevor sie nach Düsseldorf weiterzog. Bei der Familie war Albert Berner daher kein Unbekannter, seine künftige Schwiegermutter hatte während ihrer Künzelsauer Zeit zusammen mit seiner Mutter bei der Kleiderfabrik Hermann als Näherin gearbeitet. Kennengelernt hat Albert Berner seine erste Frau während der letzten Monate seiner Reisetätigkeit als Angestellter für die Firma Würth. Jeden Sonntag war er damals in Richtung Düsseldorf und Duisburg gefahren, um am Montag gleich in der Frühe mit seinen Verkaufstouren anfangen zu können. »Freien Samstag und Sonntag, das kannten wir in dem Sinn damals noch nicht«, erinnert er sich.

Obwohl er zu Hause eigentlich schon eine Freundin hatte, war Albert Berner enorm beeindruckt von der jungen Frau, der er während eines Spaziergangs von seinen Plänen für die Selbständigkeit erzählte.

Endlich, das erste Haus gebaut nach den eigenen Vorstellungen

Geschafft – die erste Hürde ist genommen.

Offenbar beruhte dies auf Gegenseitigkeit, denn einen spontanen Heiratsantrag nahm sie an, ihr einziges Bedenken war die Reaktion der Familie. »Das mach' meinem Vater klar!«, forderte sie ihren frischgebackenen Verlobten auf.

Die Szene ist Albert Berner noch gut in Erinnerung. »Herr Ziem saß im Wohnzimmer und hat so einen zwanziger Stumpen - eine Zigarre - geraucht. Als ich sagte: ›Ich möchte die Gisela heiraten‹, ist ihm der Stumpen aus der Hand gefallen. Aber er war ganz große Klasse, er hat seine Tochter geholt und sie gefragt: ›Gisela, stimmt das, was der Herr Berner da sagt?‹ Als sie das bestätigte, war er einverstanden. ›Ich sage ja‹, meinte er, ›wenn du mir versprichst, dass du deinen Mann unterstützt, dass du im Notfall Brötchen verkaufst, falls es notwendig ist.‹«

Gisela Ziem war einverstanden, und im September 1957 wurde geheiratet.

Das Leben der Berners verlief wie das Leben vieler junger Familien. Das Unternehmen, das Albert Berner kurz vor seiner Eheschließung gegründet hatte, ließ sich gut an. In den ersten Jahren unterstützte ihn seine Frau Gisela tatkräftig auch im Geschäft, sie schrieb abends zu Hause Rechnungen. Albert Berner war als wichtigster Außendienstmitarbeiter seines Unternehmens nach wie vor ständig unterwegs. Ganz besonders

Das neue Haus in der Amrichshäuser Straße 10

bedeutend für ihn war es, dass seine Frau ihm vertraute, ihm und seinen Plänen, die er für das Geschäft und für die Familie hatte.

1961 ging einer von Albert Berners Träumen in Erfüllung, er baute sein erstes Haus. Noch heute erinnert er sich an seine damit verbundenen Sorgen. »Der Architekt hatte schon beim Rohbau den Kostenrahmen von 100.000 Mark fast erreicht!« Aber die Künzelsauer Volksbank gab grünes Licht. Oben im Haus befand sich »eine schöne Wohnung mit sechs Zimmern, da sind auch meine ersten beiden Kinder geboren.« Unten im Erdgeschoss waren vier Büros untergebracht und im Keller lagen Lager und Packerei der Firma.

Gerade einmal vier Jahre wohnten die Berners dort, als am 6. Dezember 1965 seine Frau im Alter von nur 26 Jahren bei einer harmlosen Mandeloperation unerwartet durch eine Embolie ums Leben kam und Albert Berner mit den zwei Kindern Dagmar und Ralf, damals zwei und sechs Jahre alt, zurückließ.

Seine zweite Frau, Ursula Berner, geborene Herms, deren Eltern einen Bauernhof in der Nähe von Minden hatten, lernte Albert Berner kennen, als er sein zweites Haus baute. »Ein schönes Haus, mit Schwimmbad und Tennisplatz und Garage für zwei Autos«, schwärmt er noch heute. »Meine jetzige Frau war die Sekretärin

»Die Firma war und ist sein Leben, mein Mann ist ein Vollblutunternehmer. Er hat in einer schwierigen Zeit von null angefangen, seinen Traum zu verwirklichen, und mit seinem Mut, seiner Entschlossenheit und auch seinem Optimismus etwas Außergewöhnliches geschaffen. Auch wenn wir, seine Familie, oftmals Rücksicht nehmen mussten, waren wir ihm alle doch immer sehr wichtig – und er war da, wenn es darauf ankam. Heute ist er sehr froh, seine Familie um sich zu haben. Natürlich hat auch der Sport immer zu seinem Leben gehört, er war und ist auch heute allgegenwärtig. Damit hat er seinen Stress zumindest teilweise abbauen können.

Ich glaube, dass mein Mann sehr stolz sein kann auf das, was er erreicht hat. Und ich bin es ebenso. Er fühlt sich heute in seinen Unternehmen und mit seinen Mitarbeitern sehr wohl. Es macht ihm wieder Freude, durch die Firma zu gehen, auf offene Türen und ein offenes Miteinander zu treffen. Und er ist stolz auf sein Führungsteam. Für mich ist es sehr wichtig, wenn er zufrieden ins Unternehmen geht – auch wenn es dort immer wieder Schwierigkeiten und Alltagsprobleme zu lösen gilt.«

Ursula Berner, seit 42 Jahren mit dem Unternehmer verheiratet

meines Architekten. Sie kam immer mit und hat mitgeschrieben und mit uns Kaffee getrunken. So sind wir uns die ersten Male begegnet.«

Und wie schon beim ersten Mal, so erwies sich Albert Berner auch bei seiner zweiten Brautwerbung als ein Mann schneller Entschlüsse.

»Meine Frau und ich, wir waren ein paar Mal zum Essen aus, ich erinnere mich noch genau an das schöne kleine Restaurant in Stuttgart. Eines Abends habe ich sie ganz spontan gefragt, ob sie mich heiraten würde.« Ursula Herms nahm Albert Berners Antrag an, doch zuvor mussten natürlich auch die Kinder aus erster Ehe in diese Entscheidung einbezogen werden. Bei einem gemeinsamen Besuch in der Stuttgarter Wilhelma wurden die ersten Kontakte geknüpft. »Die Kinder waren damals wahnsinnig lieb zu ihr. Als ich ihnen sagte: ›Das könnte vielleicht mal eure neue Mutti werden‹, da sprangen sie vor Freude herum. Damit war das Eis gebrochen.«

Am 30. April 1966 wurde Hochzeit gefeiert. Und »es ist eine sehr glückliche Ehe geworden, 42 Jahre inzwischen! Ich glaube, meine Frau sieht das auch so«, davon ist Albert Berner überzeugt.

Er verdankt seiner Frau Ursula viel, das betont er immer wieder. Sie hat ihm immer, und ganz besonders während der Zeit seiner schweren Krankheit Ende der 90er-Jahre, den Rücken freigehalten. Als Mitglied des Berner Aufsichtsrats ist sie nicht nur über die Geschicke des Unternehmens informiert, sondern diskutiert auch unternehmerische Entscheidungen mit. Außerdem ist sie mit dabei, wenn langjährige Mitarbeiter geehrt oder neue Räumlichkeiten gestaltet werden. »Meine Frau hat einen sehr guten Geschmack, was Inneneinrichtungen angeht«, stellt Albert Berner fest.

Ursula Berner unterstützt ihren Mann darüber hinaus auch bei seinem sozialen und kulturellen Engagement für die Region. Sie ist nicht einfach nur die Frau an seiner Seite, sondern trägt im repräsentativen Bereich viel zum Image von Berner bei. Das positive Bild, das das Unternehmen in der Region hat, verdankt es auch seiner Botschafterin Ursula Berner.

Das Ehepaar Berner hat zwei gemeinsame Kinder, Kerstin Berner-Göbel und Christian Berner, heute 40 und 25 Jahre alt. Beide haben Betriebswirtschaft studiert, Kerstin Berner-Göbel, die sich ihre Berufserfahrung unter anderem bei Mustang erworben hat, qualifizierte sich zudem noch im Fach Personalpsychologie. Sohn Christian schreibt im Moment seine Doktorarbeit. Beide Kinder wollen und sollen künftig die Geschicke des Unternehmens mitbestimmen.

Eine große Stütze für ihren Mann – Ursula Berner

Die erste Million

Der erste Meilenstein der Firma Berner

Als 1957 der 50.000 VW-Käfer vom Band lief, war dies ein Ereignis, das für ein Unternehmen wie Berner eine große Bedeutung hatte. »Wir lebten noch ausschließlich vom Auto«, erklärt Albert Berner. Und so wurde, was als Einmannbetrieb begonnen hatte, im Wirtschaftswunderdeutschland schon bald ein dynamisches Unternehmen.

Im zweiten Jahr belief sich der Umsatz bereits auf 600.000 Mark, im dritten Jahr auf 1,2 Millionen. »Ich habe meine Umsätze immer verdoppelt«, erinnert sich Firmengründer Albert Berner.

Die Räume in der Künzelsauer Oberamteistraße reichten daher gerade einmal für das erste halbe Jahr, dann, an der Jahreswende zu 1958, stand der erste Umzug der Firma bevor. »Ich habe in der Stadt nach Räumen gesucht«, erzählt Albert Berner, gefunden hat er ein Gebäude mit drei Büros, »ein alter Schuppen mit einer alten Scheune dabei, da richteten meine Leute die Aufträge.« Das Gebäude, 300 Quadratmeter groß und damals genau das, was Albert Berner brauchte, existiert heute nicht mehr.

1960: das erste Großlager am Kirchplatz 12

48 GROSSE DOSEN
MILCH

Bei den Besprechungen am Samstag wurde Neues präsentiert ...

... oder über die Verkaufserfolge der vergangenen Woche berichtet.

»Ich engagierte einen Gipser, der im ›Bären‹ bei meinen Eltern wohnte. Der Mann hatte samstags frei und vernagelte bei mir die hässlichen alten Wände mit Rigipsplatten.« Die Miete für das neue Firmendomizil in der Nähe der Johanneskirche kostete »nur ein paar Pfennige«.

Nicht nur Räume, auch neue Mitarbeiter wurden gesucht. Während der ersten Monate gab es lediglich eine weibliche Angestellte und einen Lagerarbeiter. »Aber dann, als ich umgezogen war, habe ich den ersten großen Schritt beim Personal gemacht und einen Buchhalter eingestellt.«

Josef Douschek, so hieß der erste Finanzexperte, war ursprünglich bei einer Strumpffabrik beschäftigt gewesen. »Das war der richtige Mann für mich. Ich kannte ihn vom ›Bären‹ und vom ›Löwen‹, dort hat er immer bei meinen Eltern gegessen. Er nannte mich Albert, und er fing bei mir nur unter der Bedingung an, dass er dann Sie zu mir sagen dürfe. Mir war das recht. Herr Douschek war unheimlich zuverlässig als Buchhalter.« Bei einem Jahresumsatz von 600.000 Mark brauchte Albert Berner Ende des Jahres dann aber schon insgesamt fünf Angestellte, um das Auftragsvolumen noch bewältigen zu können. Er engagierte einen Absolventen der Handelsschule als Vertreter und einen Lehrling für das Lager. 1959 waren dann bei Berner bereits 15 Leute beschäftigt.

Die ersten Jahre war der Firmengründer selbst der

Mitarbeiter der ersten Stunde berichten

Josef Douschek: „Schnell, pünktlich und preiswert"

löste den Handwagen ab, mit dem zuvor Warenpakete und Post zum Bahnhof gebracht worden waren.

Albert Berner wollte von Anfang an eine Weltfirma gründen und nicht eine „Eintagsfliege" schaffen. Was er anpackte, hatte „Hand und Fuß" und funktionierte. Aller Anfang ist schwer, aber die Aufbauphase in

Josef Douschek war der Finanzexperte bei Berner.

Schon früh fanden regelmäßige Vertretertreffen statt.

wichtigste Verkäufer seines Betriebs. Lediglich am Wochenende war er in Künzelsau, wo er sich samstagmorgens beim Friseur rasieren ließ – das war damals sein einziger Luxus. Der Rest des Tages wurde zum Rechnungen schreiben genutzt. Nur sonntags hatte Albert Berner frei. »Das war eine ungeheure Anstrengung und viel Arbeit.«

Im zweiten Jahr stellte er daher einen weiteren Vertreter ein, einen Kollegen von der kaufmännischen Berufsschule. »Und der ist mit dem VW in Richtung Bamberg, Nürnberg losgefahren und verkaufte vom ersten Tag an hervorragend. Ich dachte damals, Berner, wenn du so noch zehn oder zwölf Leute hast, dann wirst du Multimillionär.« Leider musste Albert Berner sich jedoch von diesem Verkäufer wegen Ungereimtheiten bei der Spesenabrechnung bald wieder trennen.

»Und dann ging es Schlag auf Schlag, bei der Umsatzmillion hatte ich bereits vier oder fünf Vertreter.« Später, ab 1963 in der Hofratsmühle, waren dann schon rund 20 Außendienstmitarbeiter für Albert Berner unterwegs. Samstags war Besprechung in Künzelsau, wo über die Verkaufserfolge der vergangenen Woche berichtet wurde. Albert Berners Münchner Vertreter Heinz Knecht beispielsweise, »der kam damals und sagte: ›Herr Berner, ich habe diese Woche 40.000 Mark Umsatz gemacht.‹ Er war so stolz und hat natürlich eine Menge Provision kassiert.«

1960: Fleißige Mitarbeiter sorgten für eine schnelle Auftragsbearbeitung.

»Mit Albert Berner verbindet mich eine über Jahre gewachsene Freundschaft. Albert ist ein absolut zuverlässiger, stets hilfsbereiter und großzügiger Freund. Seine Fähigkeit zur klugen Einschätzung von Menschen und Lebenssituationen, seinen Mut zu auch ungewöhnlichen und unangepassten Entscheidungen habe ich immer bewundert. Über ihn habe ich viele neue Aspekte des Lebens kennengelernt. Albert ist ein leidenschaftlicher Optimist mit der ausgesprochenen Fähigkeit Menschen zusammenzuführen und für Ziele zu begeistern. Die Freundschaft mit Albert war für mich reich an außergewöhnlichen Begegnungen und Erlebnissen. Sie bleibt hoffentlich noch lange bestehen.«

Dr. Hans-Jürgen Uhlig (Arzt), enger Freund und Golfpartner

Der beste seiner damaligen Außendienstmänner war ein Zigarettenvertreter, der wegen der schlechten Bezahlung an seinem früheren Arbeitsplatz zur Firma Berner gekommen war.

»Ich hatte gute Leute«, erinnert sich Albert Berner. Aber er hat auch Enttäuschungen erlebt. So musste er einmal einem Vertreter, dem er gekündigt hatte, sogar zu einer Beerdigung hinterherfahren. »Der gab einfach das Auto nicht mehr heraus, und dabei war der Nachfolger schon eingestellt und hat darauf gewartet, um arbeiten zu können.« In einen anderen – »der hatte immer Ausreden, wenn er nichts verkauft hat« – verliebte sich dummerweise auch noch Albert Berners Sekretärin.

Schon bald musste der junge Unternehmer die Personalsuche systematischer angehen. Albert Berner suchte und fand gute Leute in großen Städten wie Hamburg und andernorts immer häufiger nun auch per Zeitungsanzeigen. »Das war nicht mehr aufzuhalten, dass Berner überall präsent war.« Nur noch die großen Kunden – damals vor allem Autowerkstätten – konnte er angesichts des rasanten Wachstums seines Unternehmens selbst besuchen, und auch das hat Albert Berner im Lauf der Zeit immer weiter abgegeben. Die ersten zwanzig Jahre ist er jedoch immer gereist.

Automechanika 1974: Autogrammstunde mit Fritz Walter

Auf der IAA 1975: Autogrammstunde mit Eberhard Gienger

Seit Ende der 60er-Jahre besuchte er dann auch regelmäßig die Niederlassungen im Ausland und seit 1972 sogar seine Schraubenfabrik in Taiwan, um dort nach dem Rechten zu sehen.

Auch an seinen ersten Messeauftritt erinnert sich Albert Berner noch gut. »Wir hatten einen ganz kleinen Stand auf der IAA und wir haben keinen einzigen Auftrag gemacht, obwohl mein Innendienstleiter geredet hat wie ein Buch. Im Jahr darauf haben wir dann die Handwerksmesse in München besucht und Sonderangebote vorbereitet. Und da hat es geknallt. Aber der erste Auftritt war eine Katastrophe.« In späteren Jahren setzte man bei der Firma Berner dann auch immer wieder Prominenz zu Werbezwecken ein. Dabei kamen Albert Berner seine sportlichen Kontakte zugute. »Fritz Walter war beispielsweise ein Freund von mir. Als Jugendlicher habe ich 1954 die WM am Radio verfolgt, später habe ich dann ein paar von den Spielern zur 125-Jahr-Feier des TSV nach Künzelsau eingeladen. Einmal kam auch der Turner Eberhard Gienger zum Signieren, ebenfalls ein Freund.« Auch Politiker besuchen regelmäßig die Berner Messestände. »Wenn ich jemanden ganz besonders loben sollte, dann gehören sicher meine Messemannschaften dazu. Wir haben die schönsten Stände, die man sich vorstellen kann. Allerdings kosten die inzwischen auch sehr viel Geld, und wir überlegen uns heute gut, wo wir noch hingehen ...«

Der Auftritt auf der IAA in Frankfurt 1967 war nicht von Erfolg gekrönt.

Raumfragen Dynamisches Wachstum braucht Platz

1961, als die erste Umsatzmillion überschritten war, hatte sich Albert Berner für den Bau eines eigenen Firmengebäudes in der Amrichshäuser Straße entschieden, in das er damals auch sein Wohnhaus integrierte. Die umgebaute Lagerhalle war mittlerweile längst wieder zu klein geworden. Verkäufer des neuen Grundstücks war der damalige Chefarzt des Künzelsauer Krankenhauses, dessen Söhne Albert Berner vom Sport her kannte. Er erinnert sich noch gut an die kurze Verkaufsverhandlung direkt im Krankenhaus: »Der Arzt kam gerade aus dem OP und hatte noch blutige Hände. ›Albert, was willst denn du?‹, fragte er mich. Und: ›Hast du denn Geld?‹« Als Albert Berner Letzteres bejahte, bekam er den Zuschlag. Seine Bank sagte ihm die nötigen Kredite zu.

Doch bereits ein Jahr nach dem Einzug wurde es im neuen Lager schon wieder eng, man kam um den Anbau einer größeren Halle hinter dem Haus nicht herum. Als auch diese kurz darauf wieder voll war, wurde Albert Berner langsam klar, dass sein neu erworbenes Grundstück für eine nochmalige Erweiterung zu klein sein würde. Der Kauf der Nachbargrundstücke konnte

Die Geschäfte liefen gut: Das erste Transportband kam zum Einsatz.

In der Hofratsmühle wurde 1963 ein reines Firmengebäude gebaut.

Das Grundstück bot ausreichend Platz für Wachstum.

die Konsequenzen aus dieser Erkenntnis lediglich noch ein bisschen hinauszögern. Doch im Jahr 1963 begann der junge Unternehmer mit dem Bau des ersten reinen Firmengebäudes auf einem Grundstück in der Künzelsauer Hofratsmühle, dort, wo sich heute die Fachhochschule befindet.

Das Gelände konnte er damals von einem Onkel kaufen, und es bot nun für die nächsten 30 Jahre ausreichend Raum. Im November 1963 war Einzugstermin. Mitarbeiter hatten geholfen, die Bäume auf dem Grundstück zu fällen. Der Neubau umfasste 800 Quadratmeter bebaute Fläche. Für einen Teil des großen Grundstücks hatte Albert Berner einen Käufer gefunden, einen Schlosser, der darauf seine Werkstatt baute. »Wir waren zu der Zeit zwar bereits ein recht beachtliches Unternehmen, aber ich konnte mir die weitere Entwicklung wohl trotzdem nicht wirklich vorstellen. Deshalb musste ich dem Handwerker schon zwei Jahre später das Grundstück für den doppelten Preis wieder abkaufen.«

Bis 1972 sollte die bebaute Fläche auf Albert Berners Areal in der Hofratsmühle auf 5.800 Quadratmeter anwachsen. In der Amrichshäuser Straße ließ er anstelle seines ersten Hauses ein Möbelhaus und einen Lebensmittelmarkt errichten, heute existieren auch diese beiden Gebäude nicht mehr. Stattdessen wurde mittlerweile ein Altenheim, das Albert-Berner-Haus, an dieser Stelle gebaut.

Angenehmes Arbeiten in den neuen Räumen

Ein so dynamisches Unternehmen wie die junge Firma Berner benötigte früher oder später auch Berater, denn auch der begabteste Firmenchef konnte auf Dauer einen solchen Betrieb nicht alleine managen. Schon nach vier oder fünf Jahren hat Albert Berner die Konsequenzen gezogen: »Ich habe mir dann gute Leute geholt, das ging ja gar nicht anders.«

Er entschied sich für eine Zusammenarbeit mit dem Büro Klein, Steuer- und Wirtschaftsberater, das fast 40 Jahre für Finanzfragen zuständig war. Herr Douschek, der Buchhalter, wurde zum »Finanzmann im Haus«, Albert Berner machte ihn zunächst zum Innendienstleiter und dann zum Prokuristen.

Im Außendienst wurden seit 1963 Gebietsleiter aufgebaut, und im selben Jahr suchte sich Albert Berner einen Geschäftsführer für den Verkauf und für den Einkauf. »Dr. Wünsche, das war mein erster richtiger Manager, das war der erste Diplom-Kaufmann bei mir. Und der hat seinen Job gut gemacht. Ein Schwabe, da hat alles gepasst.«

Lediglich den Einkauf in Fernost behielt er sich als Chefsache vor. Neben der Produktion in einer eigenen Fabrik in Taiwan kaufte er in Japan, Singapur und Hongkong ein. Allerdings werden bis heute immer noch 80 Prozent aller Berner Artikel in Europa hergestellt.

Die Damen in der Abwiegestation

1962: Jahresfeier im »Adler« Nagelsberg

Auch einer der Bankdirektoren bei der Künzelsauer Volksbank gehörte von Anfang an zu Albert Berners Unterstützern. »Als ich mit meiner ersten Bilanz zu ihm kam, da stand er auf, klopfte mir auf die Schulter und gratulierte mir. Dann bin ich zu seinem Kollegen im Nebenzimmer gegangen, auch ein alter Knabe, der mit mir geturnt hat, und der sagte zu mir: ›So was hat's bei uns früher net gebe.‹ – Was er damit meinte? Nun, das war ja etwas Neues. Da kommt einer einfach so daher und macht schon im ersten Jahr Gewinn, ohne sich wie früher erst hochzudienen. Für diesen Banker war ich ein Überflieger, unseriös ...«

Doch Albert Berner war auf das Vertrauen der Bank angewiesen. »Ich musste ja meine Miete, meine Leute, das Benzin bezahlen. Und es war anfangs ja doch noch ein kleiner Laden! ›Herr Berner, wenn Sie wüssten, wie oft Sie an der Pleite standen ...‹, so sagte in späteren Jahren einmal mein Steuerberater zu mir – während der ersten Zeit war trotz der Gewinne alles immer ganz, ganz knapp.« Der Firmenchef musste damals noch hohe Steuersätze bezahlen. »Gewerbesteuer, Einkommenssteuer – die lag über 50 Prozent. Die Lager mussten aufgebaut, die Leute bezahlt und die Außenstände finanziert werden. Das sind Fixkosten. Wenn ein Kunde die Ware bekommen hat, mit 30 Tagen und zwei Prozent Skonto, dann hat der die 30 Tage auch ausgenützt.«

Großer Firmenparkplatz in der Hofratsmühle

»Aber«, da ist Albert Berner sich rückblickend sicher, »wenn Sie den Drang haben, den Schub, etwas auf die Beine zu stellen, dann passiert Ihnen nichts. Da kam es mir vielleicht sogar zugute, dass ich nicht studiert habe, sonst hätte ich vielleicht angefangen, zu viel darüber nachzudenken ...«

Trotz gelegentlich knapper Mittel konnte Albert Berner eine der größten Herausforderungen der Zeit, was die Investitionskosten anging, ohne Probleme bewältigen. Ende der 50er-, Anfang der 60er-Jahre ging nichts mehr ohne große Datenverarbeitungsanlagen. Anfang Januar 1959 wurde die bargeldlose Gehaltszahlung eingeführt, aber vor allem war es für ein Unternehmen wie Berner wichtig, schnell an die ausstehenden Zahlungen der Kunden zu kommen, um selbst zahlungsfähig zu bleiben.

»Ich hatte im Kochertal den ersten IBM-Computer«, erinnert sich Albert Berner. Doch bereits mit der zuerst angeschafften Hollerithmaschine[1] war Albert Berner seiner Zeit voraus.

---

1 Hermann Hollerith, ein amerikanischer Ingenieur, der als Statistiker für die US-amerikanische Regierung arbeitete, erfand Ende des 19. Jahrhunderts in Anlehnung an Entwicklungen aus der Textilproduktion eine mit Lochkarten gesteuerte Maschine zur Datenerfassung und -verarbeitung, die erstmals bei einer Volkszählung eingesetzt wurde.

»Damit war ich auch hier oben in Nordwürttemberg der Erste gewesen. Da saßen bei mir schon zehn Mädchen an einer langen Straße, wo die Lochkarten sortiert wurden - das war richtig schön. Für die Hollerith haben wir damals noch einen richtig großen Raum gebraucht.«

Nicht ohne einen gewissen Stolz erinnert er sich daran, dass manche Unternehmerkollegen von seiner EDV-Anlage beeindruckt waren. Sie kamen sogar vorbei, um die neue Technik vor Ort zu besichtigen. »›Wer bist du‹, fragt man sich da. Aber wir waren mutig, wir haben das als Erste gemacht - damals sind die Leute Schlange gestanden, um sich das anzuschauen.«

Eingekauft wurde der erste Großrechner dann bei IBM[1]. Das Unternehmen entwickelte seit den 50er- und frühen 60er-Jahren die ersten leistungsfähigen Computer und zugehörigen Peripheriegeräte, wie beispielsweise

1 1896 gründete Hermann Hollerith die Tabulating Machine Company, die er 1911 verkaufte und aus der 1924 die IBM – International Business Machines Corporation – hervorging. In Deutschland war IBM von 1911 bis 1949 durch den Lizenznehmer Dehomag, die Deutsche Hollerithmaschinen Gesellschaft mbH, vertreten. 1949 erfolgte die Umbenennung in »Internationale Büro-Maschinen Gesellschaft mbH«.

Der erste IBM-PC

Berner verfügt heute über ein modernes IT-Zentrum für die …

… gesamte Firmengruppe gesteuert von der Holding.

Magnetplatten- und Trommelspeicher oder Drucker. Im Jahr 1964 kamen neue Großrechner und ein neues Betriebssystem auf den Markt. 1981, als Antwort auf das Konkurrenzunternehmen Apple, kam der erste IBM-PC. Auch bei Berner wurde das Hollerithsystem schon bald durch die ersten IBM-Computer ersetzt, Albert Berner wollte zeitnah auf das neue System umsteigen. Es gab sogar Firmen in der Region, die damals mit ihm ein gemeinsames Rechenzentrum einrichten wollten. Er konnte diese Investition jedoch alleine schultern und wollte auch lieber weiterhin unabhängig wirtschaften.

Nachdem zuerst zwei große Rechner gekauft wurden, folgten bald schon, in Anlehnung an den Entwicklungsfortschritt, kleinere Computer. Mittlerweile gibt es bei Berner natürlich ein IT-Zentrum für die gesamte Firmengruppe. Angesiedelt in der Berner Holding, ist die Abteilung Informationstechnologie (IT) International dafür zuständig, dass europaweit alles auf dem neuesten Stand bleibt, Mitarbeiter geschult werden und bei Fehlern sofortige Unterstützung zur Verfügung steht. Neben Standardsoftware werden dabei auch selbst entwickelte Programme genutzt.

Dübel und Chemieprodukte

Albert Berners Innovationen

Albert Berners Aufgaben in den ersten Jahren nach der Firmengründung waren vielfältig, langweilig wurde ihm nie. Wenn er nicht selbst auf Verkaufsreise war, wenn er keine Personalgespräche führen musste, wenn er sich nicht um den Einkauf oder mithilfe seiner Berater um die Finanzen kümmerte, dann fand er immer noch Zeit, sich mit der Entwicklung neuer Produkte zu beschäftigen.

So kam ihm Mitte der 1960er-Jahre die Idee, einen eigenen Dübel zu entwickeln, den Berner Nylon-Dübel. Er wollte damit den Fachhandel bedienen. Am Markt waren damals Dübel von den Firmen Upat[1] und Fischer[2], und nun gelang es auch Albert Berner, einen anwendungsgerechten Dübel und damit einen der großen Erfolge in der Firmengeschichte zu kreieren.

1 Die Firma Upat stellte bereits Mitte der 1920er-Jahre einen Metalldübel mit einer Füllung aus Hanfschnur her. Er war der erste in Deutschland industriell gefertigte Dübel.

2 Der schwäbische Unternehmer und Erfinder Artur Fischer hatte 1958 mit der Erfindung des S-Dübels ein Produkt von Weltrang geschaffen. Viele weitere Entwicklungen im Bereich der Befestigungstechnik folgten.

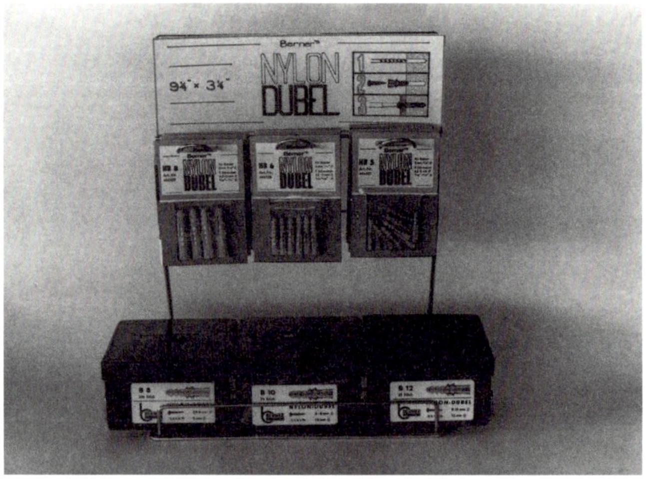

Von Albert Berner selbst entwickelt: der Berner Nylon-Dübel

Der Berner Langhülsen-Spreizdübel, der durch spezifische Anordnung seiner Drehschutz-Längsrippen ganz besonders widerstandsfähig war, war das Ergebnis eines verregneten Sommerurlaubs.

Während der drei Urlaubswochen, die Albert Berner 1966 mit seiner Frau und den Kindern im Salzburger Land in St. Gilgen verbrachte, hatte er Zeit, sich mit solchen kreativen Spielereien zu beschäftigen. Während Ursula Berner versuchte, zusammen mit den Kindern das Beste aus dem schlechten Wetter zu machen, saß Albert Berner im Hotel und dachte nach.

»Ich hab' mich an der Natur orientiert - wie machen es die Tiere, was macht der Specht -, und da habe ich mich hingesetzt und gemalt. Und dann kam ich auf die Idee.«

Der Dübel, den Albert Berner zum Patent anmeldete, war ein ausgesprochen erfolgreiches Produkt. Ganz besonders gefreut hat ihn die Anerkennung in der Branche: »Der hat sogar den Fischer senior beeindruckt. Da war ich richtig stolz, als der mich anrief.«

Albert Berner hat von seinem Nylon-Dübel an die 300 bis 400 Millionen pro Jahr verkauft - ein lukratives Geschäft. Mit eigenen Entwicklungen war viel mehr Geld zu verdienen als mit Fremdprodukten. Sogar sein Konkurrent Reinhold Würth kaufte einige Jahre lang Berner Dübel, bevor er eine eigene Entwicklung auf den Markt brachte.

Für die Chemie hatte Albert Berner schon immer eine Leidenschaft.

Allerdings hatte Albert Berner beim Handel wenig Chancen mit seiner Kreation. »Ich hatte die Schwierigkeit, mit einem solchen Produkt bei den Händlern anzukommen, unterschätzt. Die Konkurrenz von Fischer hatte immer die Nase vorn.«

Erst mit Gründung eines eigenen Unternehmens für den Verkauf im Bausektor, der BTI Befestigungstechnik Ingelfingen, von der noch die Rede sein wird, fand Albert Berner einen alternativen Vertriebsweg.

Albert Berner hat etwa zwei Jahre später auch noch einen Rigipsdübel (GTK-Dübel) entwickelt, der sich beim Eindrehen auf eine ganz bestimmte Weise verspreizt. »Auch damals rief mich der Fischer an und hat mir gratuliert. Das waren meine Highlights - die Dübel und die Chemie. Wenn man Unternehmer ist, hat man Visionen. Und was die Produktinnovation angeht ... - das müssen Sie haben, das können Sie nicht lernen. Das mache ich noch heute so, dass ich zu meinen Leuten sage: ›Warum probiert ihrs nicht mal so oder so?‹

1968 entwickelte Albert Berner sein erstes eigenes Chemieprodukt, das noch heute zum Sortiment des Unternehmens gehört: Super 6. »Chemie, dafür hatte ich schon immer eine Leidenschaft!« Er hatte die »verrückte Idee«, wie er es selbst nennt, eine eigene Chemiesparte aufzubauen. »Die Landesuntersuchungsanstalt in Stuttgart hat mit mir zusammen ein paar Sorten chemische Produkte entwickelt.«

Die Idee für Super 6 – das heißt sechs in einem – kam allerdings von Albert Berner selbst.

»Damit war ich der Zeit weit voraus. Viele haben damals versucht, so etwas nachzubauen, ein bekannter Autobauer hat es probiert, hat es aber wieder eingestellt.« Das Produkt konnte »schnell Rost lösen und vor neuem Rosten schützen, schnell schmieren, Feuchtigkeit entfernen, fetten, reinigen ...«

Auch Super 6 wurde einer der großen finanziellen Erfolge des Unternehmens. Obwohl vor Ort in Künzelsau zunächst misstrauisch beäugt, eroberte es bei allen anderen Berner Kunden schon bald einen festen Platz in der Werkstatt. »Zuerst bin ich zum Künzelsauer Opel-Händler und habe versucht, ihm das zu verkaufen. ›Sie können doch keine Chemie machen‹, sagte der zu mir, ›nehmen Sie das wieder mit.‹« Albert Berner schenkte dem ungläubigen Autohändler ein paar Dosen Super 6 und durfte ihn später dann doch zu seinen zufriedenen Kunden zählen.

Auch im Ausland wurde das Produkt ein Selbstläufer. So präsentierte Albert Berner persönlich seine erste Chemieentwicklung bei General Motors in Norwegen, wo 1970 seine Produkte vertrieben wurden. Es war kalt an jenem Tag, und er wollte den auf dem Hof versammelten Monteuren demonstrieren, wie gut das Mittel Feuchtigkeit entfernen kann. »Ich machte ein altes Auto auf, das war durch die Kälte bedingt innen ganz feucht.

Berner Chemieprodukte heute

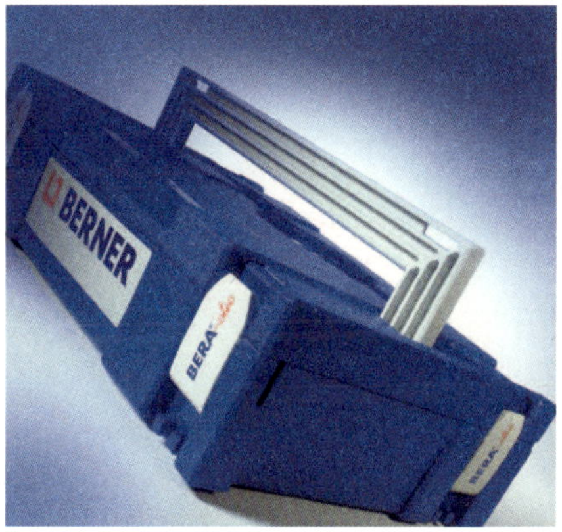

Seit 1984 sorgt das BERA-System für Ordnung.

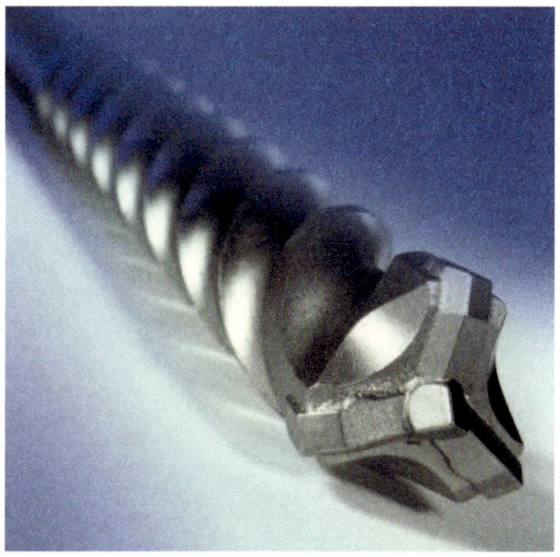
Der Profibohrer Rock Beaver

Dann nahm ich mein Spray zur Hand, sprühte in den Verteilerkopf rein, Motorhaube zu. Das blöde Ding stotterte weiter. Peinlich! Dann habe ich noch einmal eine Ladung in den Verteilerkopf gesprüht, und endlich sprang der Motor an. - Der Kunde hat uns sofort einen Auftrag für 10.000 Mark erteilt!«

Das Produkt wurde also ein »Renner«. Um mit den Lieferungen nachzukommen, musste sich der Unternehmer gelegentlich sogar selbst an die Abfüllanlage stellen. »1970 hatten wir aus der Schweiz einen Großauftrag von meiner dortigen Niederlassung - 1969 gegründet - erhalten. Ich habe damals zusammen mit einem Arbeiter Tag und Nacht geschafft, um alles rechtzeitig abzufüllen. Meine Frau brachte uns abends das Essen. Die rissen uns die Ware aus der Hand!«

»Das waren Highlights in meinem Leben«, schwärmt Albert Berner noch heute.

Produktinnovation ist nach wie vor bei Berner ein Topthema. »Wir arbeiten dabei mit anderen Firmen zusammen, und auch bei uns selbst im Unternehmen sind mittlerweile in der Chemiedivision einige Wissenschaftler und Ingenieure beschäftigt.«

Super 6 wird übrigens immer noch verkauft. Als ein Folgeprodukt wird daraus heute auch ein Holzgleitmittel hergestellt. »Da kamen wir durch Zufall drauf, dass es auch nützlich ist, wenn Harz und Dreck auf dem Holz sind.«

Go West Erste Schritte auf dem Weg zum Global Player 1969-1977

Die ersten Schritte ins Ausland machte Albert Berner Ende der 1960er-Jahre. Vielleicht war die heimische Wirtschaftskrise dafür ein Auslöser, denn im Jahr 1968 traf es das Unternehmen wie so viele andere hart. »Es gibt irgendwie immer die sieben guten Jahre und die sieben schlechten Jahre. Ich habe damals zwei Millionen Mark gebraucht und hatte das Glück, dass ich Kontakte zur Landesgirokasse hatte. Dort saß jemand, der mein Unternehmen gut kannte und mir den Kredit daher guten Gewissens bewilligen konnte.«

Was auch immer der Anlass war, Albert Berners Expansion in Europa lag anfangs noch kein wirkliches Konzept zugrunde, wie er rückblickend resümiert. Zuerst eröffnete er im April 1969 eine Firma in Belgien, das heute zusammen mit den Niederlanden und Luxemburg die Region West bildet.

Es folgten im selben Jahr Österreich, heute Regionsführer Südost mit Ungarn, Tschechien, der Slowakei, Rumänien, Kroatien, und Ende des Jahres die Schweiz und Frankreich - heute das größte und erfolgreichste Berner Einzelunternehmen.

Berner expandiert: Eröffnung von Berner Belgien 1969

BERNER

Berner Österreich wurde ebenfalls 1969 übernommen

Meist haben ihn damals Interessenten auf eine Zusammenarbeit angesprochen, man traf sich auf den einschlägigen Messen, der Handwerksmesse in München oder der IAA in Frankfurt. »Eigentlich bin ich mit diesen Leuten aber immer auf die Nase gefallen«, erinnert sich Albert Berner.

Das Problem war oft, dass die Partner schon bald kein Geld mehr hatten, weil sie von Anfang an mehr Mittel vorgegaukelt hatten, als tatsächlich vorhanden waren. »Auch meine ersten österreichischen Mitstreiter habe ich auf diese Weise getroffen. Die sind auf der Messe auf mich zugekommen: ›Herr Berner, wir könnten da noch einen Partner brauchen.‹ Das waren ein kleiner Straßenbauer und ein kleiner Handwerker, und die fingen dann an, mit Berner Schrauben zu handeln. Nach einem halben Jahr habe ich allerdings gemerkt, dass das richtige Schlafhauben waren.«

Albert Berner nahm einen begabten Vertreter aus Deutschland als Verkaufsleiter mit in den Betrieb auf. Er war mit einer Österreicherin verheiratet und leitete das Unternehmen in Braunau am Inn lange Jahre erfolgreich. In einer Garage ging es jetzt richtig los, doch schon bald beschwerte sich Albert Berners neuer Geschäftsführer seinerseits über die beiden schlafmützigen Partner, die infolgedessen rasch ausbezahlt wurden, um den Betrieb endlich in Schwung zu bringen. Aus der Technal Handelsgesellschaft wurde die Berner Handelsgesellschaft.

Auf der Messe in Wien 1972

Lager der Berner Niederlande, die 1971 zur Firmengruppe kam

Im Lauf der Jahre wurden, wie in allen Berner Gesellschaften, mehrfach neue Lager- und Verwaltungsbauten erstellt und 1993 ein neues österreichisches Verwaltungsgebäude eingerichtet.

Rückblickend sieht Albert Berner seine Rolle bei der Beurteilung seiner ausländischen Partner durchaus selbstkritisch. »Da habe ich sicher Fehler gemacht. Aber irgendwann merkt man dann schnell, wie weit ein Partner in der Entwicklung mit einem gehen kann. Wenn jemand immer mit Problemen kommt, und wenn man dann sieht, dass er gerade einmal ein viertel Prozent Marktanteil hat ... Da kann es doch noch keine Probleme geben!«

1970 folgte Dänemark. Auch hier kam ein Interessent aus Aalborg, der während eines Messebesuchs auf Partnersuche war, auf Albert Berner zu. Nach einiger Zeit übernahm Berner auch dieses Unternehmen in eigener Regie. Mit Erfolg, denn zum Jubiläum 1995 erschien sogar die dänische Königin. Heute betreuen rund 200 Mitarbeiter dieses Verbundunternehmen der Berner Gruppe mit Sitz in Aalborg. In Schweden und Norwegen wurden Mitte der 1980er-Jahre Berner Firmen gegründet.

Berner Niederlande, heute Regionsführer West, erblickte unter dem Namen ABAN b. v. 1971 im Industriegebiet Heerlen das Licht der Welt. Ein Zimmer in einem Wohnhaus diente als Büro und eine Garage als Lager.

Neubau der Schweizer Gesellschaft

Produktausstellung der Bernal AG, Schweiz

Wurden zuerst nur Kfz-Werkstätten besucht, so weitete man das Sortiment 1976 auch auf den Baubereich aus, wo insbesondere der Berner Nylondübel verkauft wurde. Den ersten Computer installierte das Unternehmen nach dem Umzug nach Kerkrade 1978. Ein weiterer Ortswechsel erfolgte 1994 nach Landgraaf, wo sich heute das Auslieferungslager für den Bereich Benelux und ein Schulungszentrum befinden.

Erst 1974 wurde Berner Italien gegründet. »Dazu habe ich mich spät entschlossen«, gesteht Albert Berner heute. »Das war unter anderem auch ein Sprachproblem, ich hatte einfach keinen Bezug zu Italien. Allerdings, wenn ich jetzt sehe, wie gut es dort läuft ... – na ja, Lehrgeld bezahlt man immer.«

Die ersten Geschäfte wurden von Gargazzone in Südtirol aus getätigt, wo eine italienische Vertriebsgesellschaft gegründet wurde. Infolge des rasanten Wachstums auch hier erfolgte 1984 ein Umzug in die Nähe von Bozen, und seit 1989 residiert Berner Italien im Industriegebiet von Verona, auf heute 15.000 Quadratmetern Lager- und 4.000 Quadratmetern Bürofläche. Das Unternehmen zählt rund 1.000 Mitarbeiter und ist eine der umsatzstärksten Gesellschaften der Gruppe. 1996 wurden ein erweitertes Bürogebäude und ein automatisiertes Lager eröffnet.

Auch in Deutschland expandierte Albert Berners Unternehmen weiter. 1972 gründete er für den Baubereich eine zweite, neue Firma, die BTI Befestigungs-

Die BTI wurde für den Direktvertrieb ins Bauhandwerk gegründet.

AUS UNSERER UNTERNEHMENSGRUPPE

Berner Italien

Neubau in Verona

Im sonnigen Süden, in der schönen Stadt Verona, hat die italienische Tochtergesellschaft ein völlig neues Verwaltungs- und Lagergebäude beziehen können. Der architektonisch ansprechend gestaltete Komplex erhielt auch eine nicht ganz alltägliche Fassadengestaltung, was zeigt, daß auch nüchterne Industriebauten nicht unbedingt einfallslos wirken müssen.

Sieht gut aus und hat's auch in sich: der Neubau von Berner in Italien.

Erst 1974 gründete Albert Berner die Gesellschaft in Italien.

technik in Ingelfingen. Nachdem in den ersten Jahren das Automobil und die dazugehörigen Unternehmen im Mittelpunkt des Berner'schen Augenmerks gestanden hatten, änderte sich dies mit der Entwicklung des für den Baubereich bestimmten Berner Nylon-Dübels. »Mit dem Dübel habe ich zunächst nur den Handel besucht, aber da habe ich mich wohl überschätzt gegenüber einem Konkurrenten wie Fischer. Einen neuen Dübel beim Handel einzuführen, ist schwierig.« Albert Berner hat mit seiner Erfindung zwar recht gute Umsätze gemacht, aber er war noch nicht zufrieden. »›Berner‹, hab' ich mir damals gesagt, ›das gefällt mir nicht‹, und so habe ich die BTI aufgebaut, die direkt zum Handwerker geht. Das Geschäft als Direktvertreiber haben wir einfach viel besser beherrscht. Und dafür wollte ich mit der BTI die nötige Struktur schaffen.«

Natürlich blieb es nicht beim Dübel. Albert Berner hat seine gesamte Produktpalette für das Bauhandwerk erweitert – heute stellt sie den größten Umsatzanteil. War das Lieferprogramm zu Beginn noch auf Befestigungsteile beschränkt, so ergänzten im Lauf der Jahre Artikelgruppen wie Werkzeuge, Werkstattausrüstungen und Chemieprodukte das Angebot.

BTI gehört heute »zu den schönsten Unternehmensteilen der Gruppe.« Zur Jahreswende 1993/94 wurde in Ingelfingen ein Neubau für die damals 600 Mitarbeiter bezogen.

Berner Frankreich Ein Beispiel für erfolgreiches Engagement in Europa

Seinen ersten französischen Partner, einen Elsässer, hat Albert Berner während eines Messebesuchs kennengelernt. Er fuhr in das kleine Örtchen Joigny in Burgund, wo dieser zusammen mit seiner Frau ein Lager hatte, und schaute sich die Gegebenheiten dort an. In einem Schreiben vom Juli 1969 ist das gemeinsam ausgehandelte Arrangement detailliert aufgeführt.

Jeder Partner musste demnach 20.000 Mark auf ein Bankkonto einbezahlen. Albert Berners Schweizer Geschäftspartner, Herr Hover, sollte den neuen französischen Partner einige Tage einarbeiten. Auch die Räumlichkeiten wurden definiert, neben einer Halle mit 200 Quadratmetern, die man bald zu bauen plante, sollte zunächst ein Wohnwagen als Firmengebäude dienen. Grundgehalt, Provisionen und Prämien für die Vertreter wurden genau festgelegt, ebenso das äußere Erscheinungsbild von Formularen und Briefpapier und kleine Geschenke für die Kunden: Cognacfläschchen, Zigaretten, Zündhölzer und Kugelschreiber.

Nach Paris, wie sein neuer Partner ihm damals nahelegte, wollte Albert Berner nicht. »Ich bin vom Land und bleibe auf dem Land«, sagt er heute dazu.

Von einer »Baracke« in Joigny aus startete Berner Frankreich.

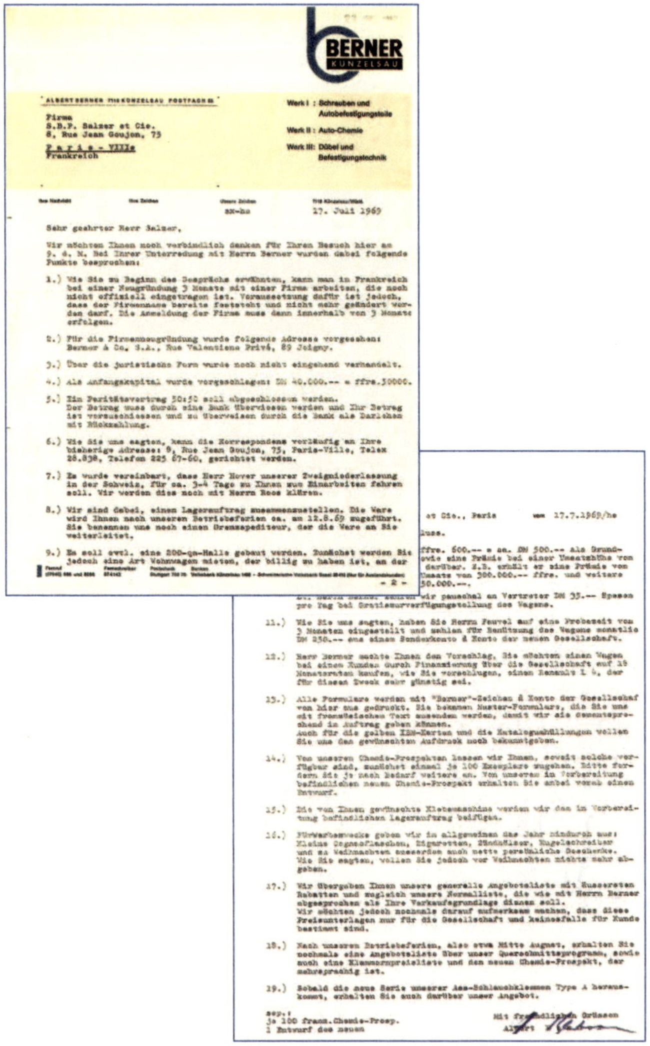

BERNER KUNZELSAU

ALBERT BERNER 7118 KÜNZELSAU POSTFACH 88

Werk I : Schrauben und Autobefestigungsteile
Werk II : Auto-Chemie
Werk III: Dübel und Befestigungstechnik

Firma
S.B.P. Salzer et Cie.
8, Rue Jean Goujon, 75
P a r i s - VIIIe
Frankreich

sx-hs — 17. Juli 1969

Sehr geehrter Herr Salzer,

Wir möchten Ihnen noch verbindlich danken für Ihren Besuch hier am 9. d. M. Bei Ihrer Unterredung mit Herrn Berner wurden dabei folgende Punkte besprochen:

1.) Wie Sie zu Beginn des Gesprächs erwähnten, kann man in Frankreich bei einer Neugründung 3 Monate mit einer Firma arbeiten, die noch nicht offiziell eingetragen ist. Voraussetzung dafür ist jedoch, dass der Firmenname bereits feststeht und nicht mehr geändert werden darf. Die Anmeldung der Firma muss dann innerhalb von 3 Monaten erfolgen.

2.) Für die Firmenneugründung wurde folgende Adresse vorgesehen: Berner & Co. S.A., Rue Valentiene Privé, 89 Joigny.

3.) Über die juristische Form wurde noch nicht eingehend verhandelt.

4.) Als Anfangskapital wurde vorgeschlagen: DM 40.000.-- = ffrs.50000.

5.) Ein Paritätsvertrag 50:50 soll abgeschlossen werden. Der Betrag muss durch eine Bank überwiesen werden und Ihr Betrag ist vorzuschiessen und zu überweisen durch die Bank als Darlehen mit Rückzahlung.

6.) Wie Sie uns sagten, kann die Korrespondenz vorläufig an Ihre bisherige Adresse: 8, Rue Jean Goujon, 75, Paris-Ville, Telex 28.838, Telefon 225 67-60, gerichtet werden.

7.) Es wurde vereinbart, dass Herr Hover unserer Zweigniederlassung in der Schweiz, für ca. 3-4 Tage zu Ihnen zum Einarbeiten fahren soll. Wir werden dies noch mit Herrn Roos klären.

8.) Wir sind dabei, einen Lagerauftrag zusammenzustellen. Die Ware wird Ihnen nach unseren Betriebsferien ca. am 12.8.69 zugeführt. Sie benennen uns noch einen Grenzspediteur, der die Ware an Sie weiterleitet.

9.) Es soll evtl. eine 200-qm-Halle gebaut werden. Zunächst werden Sie jedoch eine Art Wohnwagen mieten, der billig zu haben ist, an der

- 2 -

... et Cie., Paris vom 17.7.1969/hs

...luss.

...ffrs. 600.-- = ca. DM 500.-- als Grund- ...owie eine Prämie bei einer Umsatzhöhe von ... darüber. Z.B. erhält er eine Prämie von ... Umsatz von 300.000.-- ffrs. und weitere ... 50.000.--.

... zahlen wir pauschal an Vertreter DM 35.-- Spesen pro Tag bei Gratiszurverfügungstellung des Wagens.

11.) Wie Sie uns sagten, haben Sie Herrn Feuvel auf eine Probezeit von 3 Monaten eingestellt und zahlen für Benützung des Wagens monatlich DM 250.-- aus einem Sonderkonto à Konto der neuen Gesellschaft.

12.) Herr Berner machte Ihnen den Vorschlag, Sie möchten einen Wagen bei einem Kunden durch Finanzierung über die Gesellschaft auf 18 Monatsraten kaufen, wie Sie vorschlugen, einen Renault R 4, der für diesen Zweck sehr günstig sei.

13.) Alle Formulare werden mit "Berner"-Zeichen à Konto der Gesellschaft von hier aus gedruckt. Sie bekamen Muster-Formulare, die Sie uns mit französischem Text zusenden werden, damit wir sie dementsprechend in Auftrag geben können.
Auch für die gelben IBM-Karten und die Katalogumhüllungen wollen Sie uns den gewünschten Aufdruck noch bekanntgeben.

14.) Von unseren Chemie-Prospekten lassen wir Ihnen, soweit solche verfügbar sind, zunächst einmal je 100 Exemplare zugehen. Bitte fordern Sie je nach Bedarf weitere an. Von unserem in Vorbereitung befindlichen neuen Chemie-Prospekt erhalten Sie anbei vorab einen Entwurf.

15.) Die von Ihnen gewünschte Klebemaschine werden wir dem in Vorbereitung befindlichen Lagerauftrag beifügen.

16.) Für Werbezwecke geben wir im allgemeinen das Jahr hindurch aus: Kleine Cognacflaschen, Zigaretten, Zündhölzer, Kugelschreiber und zu Weihnachten ausserdem auch nette persönliche Geschenke. Wie Sie sagten, wollen Sie jedoch vor Weihnachten nichts mehr abgeben.

17.) Wir übergeben Ihnen unsere generelle Angebotsliste mit äussersten Rabatten und zugleich unsere Normalliste, die wie mit Herrn Berner abgesprochen als Ihre Verkaufsgrundlage dienen soll.
Wir möchten jedoch nochmals darauf aufmerksam machen, dass diese Preisunterlagen nur für die Gesellschaft und keinesfalls für Kunden bestimmt sind.

18.) Nach unseren Betriebsferien, also etwa Mitte August, erhalten Sie nochmals eine Angebotsliste über unser Querschnittsprogramm, sowie auch eine Klemmenpreisliste und den neuen Chemie-Prospekt, der mehrsprachig ist.

19.) Sobald die neue Serie unserer Ass-Schlauchklemmen Type A herauskommt, erhalten Sie auch darüber unser Angebot.

sep.:
je 100 franz.Chemie-Prosp.
1 Entwurf des neuen

Mit freundlichen Grüssen
Albert Berner

Der Vertrag, der alles regelte.

Dass auch die Grundstückspreise und die Personalkosten in der agrarisch geprägten französischen Provinz deutlich niedriger liegen als in der Umgebung der Hauptstadt, darin dürfte Albert Berner ebenfalls keinen Nachteil sehen.

Allerdings spielte wohl auch der Zufall bei der Wahl der Firmenstandorte immer eine große Rolle. »Ich wäre in Österreich zum Beispiel nach Linz gegangen und nicht nach Braunau, aber dort saßen damals eben meine Partner.« Heute gibt es im Unternehmen natürlich Kriterien für die Standortsuche, vor allem die Infrastruktur muss stimmen, so muss beispielsweise ein Flugplatz in der Nähe sein. »In Benelux sind meine Firmen gerade einmal 20 Kilometer auseinander. Da kann man alle drei auf einmal besuchen«, freut sich Albert Berner.

Doch zurück nach Frankreich, wo auch diesmal Albert Berners Partner kein ausreichendes Kapital zur Verfügung hatte. Er musste sich dieser Tatsache spätestens bei einem denkwürdigen Abendessen stellen. Albert Berner war von seinem Kompagnon in ein exklusives Restaurant eingeladen worden, die Rechnung musste er allerdings am Ende selbst übernehmen, dem Gastgeber fehlte das nötige Kleingeld.

Daraufhin übernahm er dann auch die Firma kurzerhand in eigener Regie. In Dr. Schwedes, der mit

Rund 1.500 Mitarbeiter arbeiten heute in der französischen Gesellschaft, 1.000 davon im Außendienst.

Das größte Berner Einzelunternehmen hat seinen Sitz heute in St. Julien-du-Sault, Département Yonne, Burgund.

einer Französin verheiratet war, fand er einen ausgezeichneten Geschäftsführer. »Schwedes war ein Genie, er war Doktor der Betriebswirtschaft, ein wahnsinnig intelligenter Mann. Er sagte immer zu mir: ›Herr Berner, bleiben Sie zu Hause, ich verdiene Ihr Geld.‹« Und dass das keine ganz einfache Sache war, belegt die Tatsache, dass der Großteil aller deutschen Firmen in Frankreich scheiterte, so Albert Berner. »Andererseits ist mir das unverständlich, bei uns hat sich immer alles gut entwickelt und alle sind nach wie vor euphorisch. Überall, wo ich gute Leute hatte und habe, ist es gut gelaufen.«

Für 10.000 Mark wurde zunächst eine Art Baracke in Joigny aufgestellt und schließlich am gleichen Platz dann das erste Firmengebäude mit eigener Kantine errichtet – in Frankreich keine Selbstverständlichkeit. »Auch heute ist unser Kasino ein Traum, da gibt es drei Essen zur Auswahl für wenig Geld. Zwar streiken die Leute auch bei Berner gelegentlich, aber es läuft insgesamt wirklich gut.« Eine Meinung, die auch Jacques Olbinski, einer der beiden Geschäftsführer von Berner Frankreich und mittlerweile seit 27 Jahren im Unternehmen, teilt.

Inzwischen sind im nahe gelegenen St. Julien-du-Sault, in dem 2001 das neue Berner Firmengebäude in Frankreich eingeweiht wurde, rund 1.500 Mitarbeiter

V. l.: Gaston Simonato, Präsident der IHK Sens, Albert Berner und Senator Henri de Raincourt vor dem Firmengebäude in Frankreich

Überreichung der Medaille durch den Präsidenten der IHK Sens

beschäftigt, die meisten von ihnen Frauen. Außerdem arbeiten hier auch etwa 100 Menschen mit Behinderungen, die ins ganz normale Betriebsgeschehen integriert sind - auch dies in Frankreich ein eher ungewöhnliches Projekt.

»Mit fast 1.500 Leuten gelten für uns die Regeln der großen Konzerne«, betont Olbinski, »wir haben allein zwölf Gewerkschaftsvertreter im Unternehmen.« Doch die Arbeitsbedingungen im Betrieb sind gut, die Leute zufrieden. Im Vergleich mit anderen Unternehmen in der Gegend sei man spitze, so Jacques Olbinski.
Vor allem für das vorbildliche Projekt der Behindertenarbeitsplätze wurde Albert Berner 2004, auf Vorschlag des damaligen französischen Staatspräsidenten Jacques Chirac, zum Ritter der französischen Ehrenlegion[1] ernannt. Auf dem Firmengrundstück befindet sich neben großen Parkplätzen auch ein Park. Die weitausgedehnten flachen Gebäude wurden in mehreren Stufen erbaut.

---

1 Die »Ehrenlegion« ist die ranghöchste französische Auszeichnung für militärische und zivile Verdienste. Die Initiative geht auf das Jahr 1802 zurück und stammt von Napoleon Bonaparte. Der französische Staatspräsident ist der Großmeister des Ordens, der in seinem Auftrag und auf seinen Vorschlag vergeben wird. Nur wenige Nicht-Franzosen wurden bis heute in die »Légion d'honneur« aufgenommen.

Moderner Logistikbereich in Frankreich

Zurzeit entsteht eine Erweiterung auf insgesamt 6.000 Quadratmetern. Eine Brücke wird das neue, 16 Meter hohe, vollautomatische Vorlager mit dem bisherigen Baukörper verbinden. Bis Juni 2009 soll alles fertig sein, bis Ende 2009 kann der erweiterte Betrieb, der sicher für die nächsten fünf bis acht Jahre ausreichen wird, dann reibungslos laufen.

In der sogenannten Pickingzone werden die Produkte noch alle von Hand in die Kartons gelegt, verschlossen und adressiert – eine Automatisierung kostet viel Geld und ist erst für später geplant.

»Die Arbeit hier ist wie im Theater«, erklärt Geschäftsführer Jacques Olbinski, »die Leute müssen jeden Tag dasselbe Stück spielen – die Sachen kommen hier an und sie müssen schnell wieder weg. Jeder muss dabei seine Rolle spielen. Und wenn einer seine Rolle nicht gut spielt, dann haben wir ein Problem.« Doch bislang scheinen sich die Probleme in Grenzen zu halten, die Pakete für die Kunden von Berner Frankreich gehen schnell und gut kontrolliert auf die Reise, immerhin steckt im reibungslosen Ablauf jahrelange Erfahrung.

Nachdem sich Albert Berner in den Anfangsjahren in Frankreich genau wie in Deutschland auf den Bereich Automobil konzentrierte, begann er schon früh, auch dort einen eigenen Bau-Bereich aufzuziehen.

Grundsteinlegung für den Neubau im Oktober 2008

Zeichnung des Erweiterungsbaus

»Er hat dann damals zu Dr. Schwedes gesagt: ›Sie müssen einen Baubereich gründen‹«, erinnert sich Jacques Olbinski, »aber der war damit nicht so glücklich, da er den Baumarkt in Frankreich nicht recht einschätzen konnte und zudem der Deckungsbeitrag niedriger war als im Autobereich.« Als Olbinski für diese Aufgabe 1982 ins Unternehmen kam, waren für den Bereich Bau gerade einmal 20 Außendienstmitarbeiter beschäftigt. »Mein Glück war dann, dass ich von der BTI ausgebildet wurde, ich habe mir deren ganzes Material kopiert. Ich wusste ja gar nicht so richtig, was eigentlich Direktverkauf ist, ich kam aus dem ganz normalen Vertrieb bei einem Maschinenbauunternehmen aus Auxerre, das war ein ganz anderes Geschäft als bei Berner.«

Auch die meisten Kunden waren in den Anfängen nicht mit dem Direktvertrieb vertraut. »Die Leute haben immer gefragt: ›Wo ist Ihr Geschäft? Wo sind Sie? Im Département Yonne, oh!‹« Der unbekannte Firmenstandort wurde jedoch nicht zuletzt durch eine erfolgreiche Zusammenarbeit mit dem Fußballclub von Auxerre, der in der ersten Liga spielte, aufgewertet. Bis heute nutzt Berner Frankreich diese Möglichkeit, um auf sich aufmerksam zu machen, und wird dabei nachweislich von seinen Kunden auch wahrgenommen. Wenn der Club auswärts spielt, haben Berner Außendienstmitarbeiter die Gelegenheit, Karten für gute Kunden zu erhalten.

Februar 2009: Die Bauarbeiten in Frankreich schreiten voran …

… 16 m hoch soll das neue vollautomatische Vorlager werden.

Was also 1982 mit 20 Vertretern zögernd begonnen hatte, wuchs rasch und musste schon bald eine Struktur, ein Management bekommen. Geschäftsführer Dr. Schwedes hat die Sektion Bau bei Berner Frankreich nach ersten Anfangserfolgen sehr schnell gefördert, nach nur wenigen Jahren zog der Bau-Bereich bereits am Kfz-Bereich vorbei. Heute fallen 60 Prozent des Umsatzes von Berner Frankreich im Bau- und 40 Prozent im Kfz-Bereich an, mittlerweile 1.000 Außendienstmitarbeiter sind in ähnlicher Verteilung im Land unterwegs.

Das größte Problem der Anfangsjahre war der Aufbau eines speziellen Bausortiments gewesen. »Am Anfang hatte ich nur ein paar Bohrer, Dübel und Schrauben – ganz einfache Produkte«, erinnert sich Jacques Olbinski. Die Kunden fragten aber sehr schnell nach mehr.

Bald wurde auch klar, dass ein Vertreter nicht mehr alle Bauhandwerke gleichzeitig besuchen konnte – Schreiner, Sanitärbetriebe, Elektriker. 1993 führte man daher bei Berner Frankreich eine Zielgruppentrennung ein. »Das war sehr kompliziert, es gab viel Streit, weil natürlich keiner seine Kunden hergeben wollte. Ein Außendienstmitarbeiter mit 120 Kunden musste ja nun 60 neue finden, und das ist natürlich erst mal mehr Arbeit. Damals waren wir wochenlang unterwegs und haben diskutiert und geredet, um den Leuten die Angst zu nehmen«, so Jacques Olbinski.

BERNER
BERNER boutique
BERNER

Und bevor in St. Julien gebaut wurde, ergaben sich auch bald schon Logistikprobleme. »Das gab es am Anfang ja gar nicht, da war nur ›verkaufen, verkaufen, verkaufen ...‹«

Doch mit Albert Berner als engagiertem Unternehmer im Hintergrund, der keine notwendigen Investitionen scheute, konnte sich der Standort Frankreich wie alle anderen in Europa gegründeten Berner Verbundunternehmen dynamisch entwickeln. Dass man Albert Berners Anteil am Erfolg nicht genug herausstellen kann, betont auch Jacques Olbinski: »Albert Berner, den habe ich anfangs immer nur gesehen, wenn er morgens um zehn in Joigny mit seinem Chauffeur Herrn Bienek ankam. Herr Berner hat dann vielleicht zwei Stunden mit Dr. Schwedes über das Geschäft gesprochen, und schon war er wieder weg. Persönlich habe ich ihn das erste Mal auf der Treppe getroffen. Wir haben uns begrüßt und Herr Berner hat mich gefragt: ›Was machen Sie?‹ Ich habe es ihm gesagt und wir haben ein bisschen darüber geredet, er sagte: ›Oh ja, das ist sehr wichtig‹ und solche Dinge ... Ich war sofort sehr von ihm angetan damals, das hat mir gefallen. Ich meine, das ist doch wichtig für einen Mitarbeiter, dass er mit dem Eigentümer des Unternehmens, dem Chef, auch einverstanden ist. Dass er sich mit ihm wohlfühlt. Und wenn man Albert Berner einmal kennengelernt hat, dann vergisst man ihn nicht mehr!«

Dieses unternehmerische Engagement für die Region wird neuerdings auch auf andere Weise gewürdigt: Seit Ende 2008 heißt die Straße, in der sich das Unternehmen befindet, »Rue Albert Berner«, worüber sich der Geehrte sehr gefreut hat, auch wenn ihm öffentliche Auftritte eigentlich eher unangenehm sind.

»Albert Berner ist sehr emotional, manchmal sehr gerührt. Vielleicht will er deswegen nicht immer in der Öffentlichkeit stehen«, sagt Jacques Olbinski dazu. »Aber die Leute hier finden das gut – ›Ein Unternehmer, der noch irgendwas spürt ...‹«

Fernost Fuß fassen in einer anderen Welt

1976 startete Albert Berner seine Produktion in Taiwan. Er übernahm die Firma Hsin Ho, eine Fabrik für Schrauben und Befestigungsteile.

Rückblickend betrachtet war es eine große Herausforderung für ihn. »Das war eine andere Welt, andere Menschen. Mit der anderen Lebensart klarzukommen, war nicht immer einfach, ich war ja der kleine Berner von Künzelsau … Aber insgesamt war es ein wunderschönes Abenteuer.«

Mit der Zeit wurde das Verhandeln auf internationalem Parkett jedoch zur Routine für Albert Berner. »Das war später ein Vergnügen, aber immer anstrengend – die Sprachen! Die Leute haben oft gesagt: ›Der spinnt, was geht der nach Taiwan.‹ Und ich war mir nicht immer sicher, ob die nicht recht hatten, ich hätte mir's ja schön machen können in Deutschland. Aber ich habe eben doch gemerkt, dass es besser ist, ein Global Player zu sein.«

Durch Zufall hatte Albert Berner den Taiwanesen Chuck Chen kennengelernt, der ihm das Unternehmen vor Ort vermittelte.

Albert Berner und Karl-Friedrich Hölderhoff vor einem Tempel in Taiwan

1984: Besuch bei Hsin Ho

1975: Albert Berner in Japan

»Ich wollte damals nach Fernost - spontan. Und da habe ich mich an diesem Kruschtelladen - so muss man es einfach nennen - für 250.000 Dollar beteiligt. Und irgendwann habe ich das Werk übernommen.« Hsin Ho besaß auch viele Patente für Spezialschrauben. Ein Problem allerdings machte Albert Berner schon bald zu schaffen: »Die Qualität. Man muss, wenn man hier in Europa verkaufen will, einfach europäischen Standard produzieren.«

Er fuhr ins Bergische Land, damals eine Region mit vielen kleinen Schraubenherstellern, und fand einen Geschäftsführer für Taiwan. Karl-Friedrich Hölderhoff aus Solingen wurde damals einer der bestverdienenden Berner Mitarbeiter, aber es lohnte sich, erinnert sich Albert Berner, denn »innerhalb eines Jahres wurde das eine richtige Goldgrube.«

Vor rund zehn Jahren hat man in Taiwan eine neue Halle gebaut. Das Unternehmen ist bis heute als Schrauben- und Befestigungsteileproduzent erfolgreich. Allerdings ist die Produktion mittlerweile an kleinere Unternehmen in der Umgebung vergeben und im Berner Werk wird in erster Linie kontrolliert und verpackt. In der Zwischenzeit hat die Firma Berner ein weiteres Einkaufslager in Schanghai gemietet, doch gesteuert werden die fernöstlichen Geschäftsaktivitäten nach wie vor von Taiwan aus. »Trotz der chinesischen Festlandspreise sind wir dort immer noch interessant als Produzent.«

Produktion von Schrauben und Befestigungsteilen …

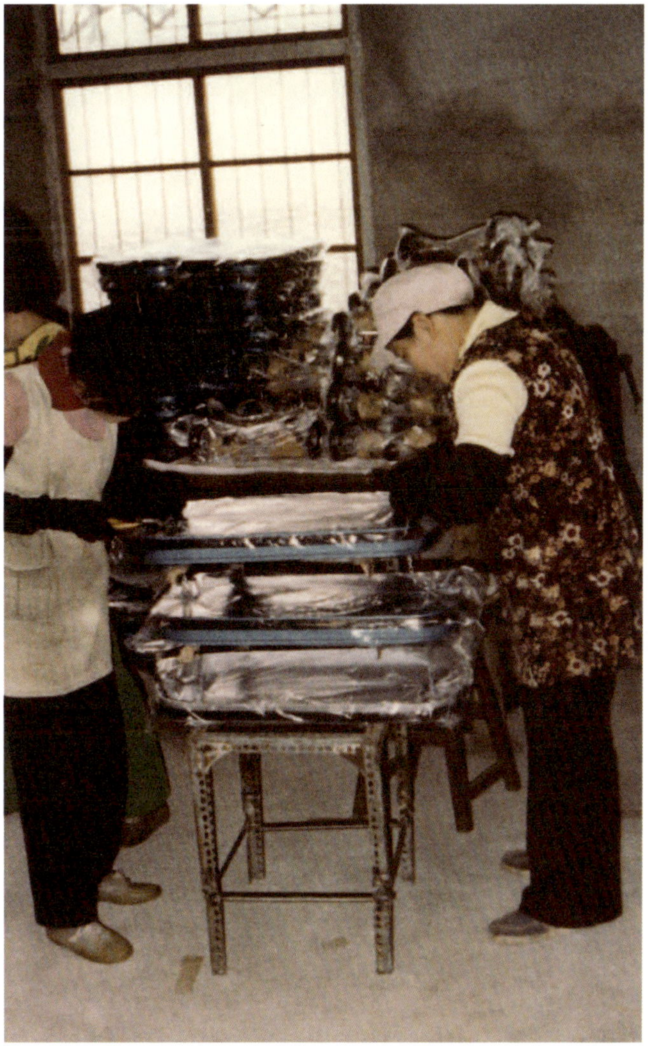

… sowie deren Verpackung bei Hsin Ho in der Anfangszeit

Im Werk Hsin Ho in Taiwan wird heute in erster Linie kontrolliert …

… und verpackt.

Auch in Japan kaufte Albert Berner ein. Tommy Taiguchi, der dort einige Firmen vertrat, lief Albert Berner wie so viele andere Geschäftspartner auch eher zufällig über den Weg. »›I am Tommy Taiguchi, ich vertrete die und die Firmen …‹, sagte der zu mir und ließ mir seine Karte da. Und da bin ich hingeflogen, und wir sind sehr gut ins Geschäft gekommen. Das war eine anstrengende, aber auch eine schöne Zeit! Ich war drei- bis viermal im Jahr in Asien.«

»In Japan gibt es keine großen Lieferanten und man musste damals Händler einschalten«, erinnert er sich, »die das alles organisierten.« In Japan auch zu verkaufen, hat sich Albert Berner nie ernsthaft überlegt. »Dort scheitert fast jeder. Das ist eine zu komplizierte Struktur.«

Bei seinen Reisen kam Albert Berner in viele große Städte dieser Welt, und einige touristische Sehenswürdigkeiten hat er sich auch angeschaut, obwohl ihm sein Terminkalender nicht allzu viel Zeit dafür gelassen hat. Aber wie sah sein Arbeitsalltag damals überhaupt aus? »Das sag' ich lieber nicht. Von morgens bis abends, von Montag früh bis Freitagabend war ich ständig mit tausend verschiedenen Sachen befasst. Das war schon heftig! Ich war im Büro, um mir beispielsweise die Zahlen anzuschauen oder neue Mitarbeiter einzustellen, solange ich noch keine Abteilungsleiter hatte, die dann die Leute für mich eingestellt haben.«

Gebäude der Hsin Ho in Taiwan

»Am Samstagvormittag waren regelmäßig Tagungen, da wurden Schulungen über neue Produkte gehalten. Eine Zeit lang war ich auch da noch mit dabei. Dann haben das die regionalen Verkaufsleiter übernommen, aber die Inhalte wurden immer mit mir abgesprochen.«

Dass Albert Berner mitredet in seinem Unternehmen, auch wenn er sich inzwischen auf die Position des Aufsichtsratsvorsitzenden zurückgezogen hat, das ist auch heute noch so. »Das geht von uns hier oben auf dem Berg runter an die einzelnen Unternehmen. Das macht allerdings heute in erster Linie mein Vorstandsvorsitzender Jörn Werner mit seinen Kollegen, aber die Inhalte sind immer mit mir abgesprochen.«

Albert Berner noch aktiv bei einer Vertreterschulung

Noch heute begrüßt er die neuen Vertreter und hält – neuerdings im Zeichen der allerorts beklagten Weltwirtschaftskrise – aufmunternde Reden an seine Mitarbeiter in ganz Europa. Krisen, das weiß er inzwischen und das verschafft ihm Gelassenheit, hat das Unternehmen bisher immer gut verkraftet. »Kinder«, so sagt er heute seinen Angestellten, »die Zeiten werden härter, jeden Tag ein Kunde mehr, dann kriegen wir das schon hin.«

Mitarbeiter bei Berner Eine Frage der Motivation

Nicht nur heute, auch in den Anfangsjahren war es Albert Berner ein Anliegen, seine Mitarbeiter zu motivieren, denn ohne ihren Einsatz wäre aus dem Unternehmen nicht das geworden, was es heute ist.
Wie überall in der Branche werden auch bei Berner die Mitarbeiter im Außendienst weitgehend erfolgsabhängig bezahlt.

»Wissen Sie, das war früher ganz ähnlich wie heute. Man macht Aktionen, die gut kalkuliert sind. Die Vertreter erhalten eine Sonderprämie - das wird heute von Experten strategisch perfektioniert. Damals habe ich das einfach selber gemacht. Ich habe gesagt: ›Wenn du 50.000 Verbinder 114 verkaufst, dann kriegst du eine Zusatzprämie‹ - und das haben die Vertreter auch geschafft.«

Einer der ersten Verkäufer war Otto Niklas, der zum 1. April 1959 bei der jungen Firma Berner angefangen hat. Er erinnert sich an die Arbeitsweise der ersten Jahre: »In den Anfängen waren wir drei Außendienstleute für Deutschland Nord, West und Süd, drei im Innendienst und zwei im Lager. Ich war die ganze Woche unterwegs, und trotz des großen Gebietes habe ich es geschafft, alle vier Wochen die einzelnen Kunden zu besuchen.«

Wichtig im Direktvertrieb ist die gute Beziehung zum Kunden.

Mitarbeiter der ersten Stunde berichten

Otto Niklas: „Das schönste waren die Feiern im Rappen-Saal"

Otto Niklas hat am 1. April 1959 bei Firma Berner angefangen. Noch heute ist er im Außendienst bei der Tochter-

lediglich
monatlic
100–20
gehalt
sehr vi
Ein Re
„Che
Bern
Ein
zum
in
ge
wurde. Etwa im Ja
ich das nicht mehr
klein und wir zoge

Mitarbeiter der ersten Stunde berichten

Günter Stricker: „5 Mark für den Chef"

Günter Stricker war bis vor wenigen Jahren in der Einkaufsabteilung der Berner GmbH & Co. KG beschäftigt. Er wurde am 1. April 1964 als 40. Mitarbeiter im Innendienst der jungen Firma im Gebäude bei der Hofratsmühle begrüßt. Man verzeichnete in jenen Jahren einen Jahresumsatz von etwa 10 Mio. DM.

Niklas war mit einem alten VW-Bus unterwegs, in dem die verschiedensten Schrauben durch die Republik transportiert wurden. Die Autowerkstätten rissen den Berner Vertretern die Ware damals regelrecht aus der Hand, da sie weitaus günstiger war als das von den Automobilfirmen angebotene Material. Zudem bot Berner ein auf seine Kunden zugeschnittenes Sortiment in attraktiven Blechkoffern an.

Ein Beispiel dafür, wie es Albert Berner gelang, seine Mitarbeiter aufzubauen, ist Rudi Krug, der 1961 ins Unternehmen kam. Er selbst war nach einigen Monaten im Innendienst keineswegs von seinen Fähigkeiten als Verkäufer überzeugt.

Doch die Aussicht auf ein eigenes Auto und das Vertrauen, das der junge Chef in ihn setzte, ließen ihn den Versuch wagen. Als er nach den ersten Anlaufschwierigkeiten aufgeben wollte, griff Albert Berner zu einem Trick. Er schickte seinen neuen Verkäufer zu einigen guten Kunden, die er selbst vorher auf diesen Besuch vorbereitet hatte, sodass der junge Mann einen großen Erfolg vorweisen konnte. »Der Mann muss Selbstvertrauen bekommen«, soll er ihnen gesagt haben. Erst Jahre später erfuhr der inzwischen gestandene Außendienstler davon.

Es waren oft kleine Gesten, die bei den Mitarbeitern Eindruck machten, so etwa das Glas Sekt, das anlässlich eines Umsatzerfolgs an alle ausgeschenkt wurde

Rudi Krug: „Albert Berner – Ein Motivationskünstler oder Wie früher ADM's aufgebaut wurden"

Ich war zwar durchaus nicht von den mir zugedachten Fähigkeiten überzeugt, aber – die Firma stellte mir ein Fahrzeug zur Verfügung und der Umstieg von meinem bisher gefahrenen Motorrad auf ein Auto war gar zu verlockend.

Also, am nächsten Montag fuhr ich los. Ich fuhr und fuhr und fuhr (obwohl es kein VW war): Ulm, Augsburg, München, Nürnberg,

Herrn Berner die Autoschl
Papiere und Verkaufsunter
und erklärte: „Nie wieder
dienst." Herr Berner sagte
„Krug, mach keine Geschi
Überleg es Dir noch einm
Ruhe. Das Auto kannst D
behalten." Ich nahm m
diensttätigkeit wieder
jetzt stolz mit einem
Künzelsau. Die Wel
Ordnung.

und an das sich Günter Stricker, seit 1964 im Innendienst bei Berner, noch Jahrzehnte später erinnert. Für Niklas, Krug und ihre Außendienstkollegen, aber auch für diejenigen, die in Künzelsau vor Ort für den reibungslosen Ablauf der Bestellungen sorgten, waren damals Samstags- und Sonntagsarbeit eine Selbstverständlichkeit. Das Team war jung, die Atmosphäre war familiär. »Die Außendienstleute reisten die ganze Woche durch ganz Deutschland, da gab es bei den Treffen am Wochenende viel zu erzählen«, erinnert sich der damalige Buchhalter Josef Douschek.

Natürlich herrschte nicht immer eitel Sonnenschein. Schon bald stellte sich bei anfänglich nur drei Verkäufern das Problem der Gebietsverkleinerungen. Albert Berner war es immer ein Anliegen, diese Fragen von vornherein so anzugehen, dass es keinen Ärger mit den Vertretern gab. »Ich habe gleich das endgültige Gebiet in den Vertrag hineingenommen. Und fürs Übergeben gab es dann eine Abfindung«.

Das Feiern gehörte bei Berner dazu: 15-jähriges Firmenjubiläum

Bis in die 90er-Jahre hinein war es nicht immer leicht, motivierte Außendienstler zu bekommen – trotz teilweise hoher Arbeitslosenzahlen. »Oft fehlt es an der Leistungsbereitschaft«, erklärte sich Albert Berner diesen Umstand 1993 in einem Zeitungsartikel. Die Arbeit bei Berner war und ist zwar gut bezahlt, aber wer Erfolg haben will, muss engagiert sein.

»Anstrengende Arbeit«: Albert Berner auf einer Messe in Las Vegas

Auch Karrieren im Haus lagen von Anfang an im Bereich des Möglichen. Gute Vertreter wurden oft zu Gebietsleitern gemacht, und bis zu einem gewissen Punkt war das auch eine brauchbare Vorgehensweise, erinnert sich Albert Berner. »Aber manchmal hat es leider nicht funktioniert. Es gab auch Mitarbeiter, die waren damit überfordert, wenn man ihnen Managementaufgaben gab. Ich habe oft Leute befördert, die man besser auf ihrer alten Position gelassen hätte – ein guter Verkäufer muss kein guter Geschäftsführer sein. Heute weiß ich besser, wo die Grenzen und wo die Potenziale von Mitarbeitern liegen.«

Albert Berner bekam die notwendige Menschenkenntnis in der Praxis schnell, denn zunehmend holte er sich auch Leute von außen in die Firma. »Vor allem beim Management, in der Führung, habe ich fast alle Mitarbeiter außerhalb gesucht.« Heute wird Personalentwicklung bei Berner strategischer geplant.

»Aber wie hätte ich das früher machen sollen? Ich hatte 14, 15 Firmen und habe damals noch alles selber gemacht. Ich war mehrmals im Jahr in Taiwan und in Japan, Hongkong, Singapur, ich war in Amerika auf den Messen – wo hätte ich da noch Zeit haben sollen für strategische Planungen?«

Vor allem im boomenden Markt der Jahre bis 1968 war es nicht immer einfach, gute Leute zu finden. »Welcher Manager wollte schon früher nach Künzelsau aufs Land?«, fragt Albert Berner. »Ein ähnliches Problem hat-

Die Region Hohenlohe hat einen hohen Freizeitwert.

1983 wurde die Berner Holding gegründet.

ten wir übrigens bis vor Kurzem auch in Frankreich.« Heute sieht die Situation etwas anders aus, es gibt in der Region günstigen Wohnraum, eine gute schulische Infrastruktur, zwei Gymnasien, eine Fachhochschule, Sonderschulen. Und auch das Stadtbild von Künzelsau hat sich in den letzten Jahren herausgemacht.

»Hohenlohe hat in dieser Hinsicht aber auch eine Weile gebraucht, bis es seine Vorzüge bekannt gemacht hat. Hier gibt es ein tolles Freizeit- und Kulturprogramm vor allem im Sommer, wir haben die Autobahn und den Flugplatz ...« Albert Berner jedenfalls fühlte sich immer wohl in seiner Heimatstadt.

Und der Erfolg gab ihm recht. Berner machte 1978 erstmals mehr als 100 Millionen Mark Umsatz, sechs Jahre später hatte man dieses Volumen bereits verdoppelt. 1979 waren aus den 20 Mitarbeitern des Jahres 1963 1.000 geworden.

1983 gründete Albert Berner zur strategischen Ausrichtung seines Unternehmens die Berner Holding in Künzelsau. Seit 1987 hat das Unternehmen auch einen Aufsichtsrat, bis 2004 Beirat genannt, dessen Vorsitz Albert Berner von Anfang an neben seiner Funktion als Geschäftsführer seines Unternehmens innehatte. Seit dem 1. April 1998, als er begann, sich aus dem operativen Geschäft zurückzuziehen, ist er ausschließlich Beirats- beziehungsweise Aufsichtsratsvorsitzender. Seine übrigen Aufsichtsratsmitglieder, viele von ihnen selbst erfolgreiche Unternehmer, sind für Albert Berner auch wertvolle Berater. »Ich kriege heute Topleute für meinen Aufsichtsrat«, bemerkt er nicht ohne Stolz. Er selbst sitzt im Beirat der LBBW, und auch hier knüpft Albert Berner immer wieder wichtige Kontakte. »Dort sind fast alle großen Industriellen aus Baden-Württemberg vertreten.«

In der näheren Umgebung, in Hohenlohe beginnt sich zwar in den letzten Jahren die Unternehmenslandschaft zu verändern, doch auch hier waren die Kontakte immer außergewöhnlich gut, auch wenn man sich nicht unbedingt direkt um Rat fragte, wie sich Albert Berner erinnert. »Die Verbundenheit vieler Unternehmer hier war schon einmalig.« Und sie mündete beispielsweise in eine gemeinsame Hilfsaktion beim großen Hochwasser in Ostdeutschland: »Da sind wir mit fünf Lkw hingefahren.«

Mit vielen Unternehmerkollegen ist Albert Berner gut bekannt oder sogar befreundet. Zu seinem Bekanntenkreis gehören beispielsweise Volker Stahl, Gerhard Sturm von ebmpapst, Fritz Müller von GEMÜ oder Werner Hettinger von Bürkert. Mit Walter und Helmut Sigloch war und ist er gut befreundet, mit Heinz Ziehl im Sportverein engagiert, mit anderen hat er Tennis gespielt.

Aber »die Landschaft verändert sich«, stellt er fest, »viele haben heute keine Nachfolger mehr für ihr Unternehmen – da entstehen neue Strukturen.«

Vertreter der regionalen Politik und Wirtschaft zu Besuch

15-jähriges Firmenjubiläum: Albert Berner überreicht seiner langjährigen Sekretärin Inge Nöthe einen Strauß.

Go East Berner auf Erfolgskurs in einem größer werdenden Europa

Durch die Veränderungen, die der Zerfall des Ostblocks in den Jahren nach 1988 mit sich brachte, taten sich neue Wachstumschancen in Regionen auf, die zuvor undurchdringlich schienen. Diese Chancen wusste auch Berner zu nutzen. Im Sommer 1990 war ein Einigungsvertrag zwischen der alten Bundesrepublik und der DDR beschlossen worden, und am 3. Oktober 1990 hörte die DDR auf zu existieren. 1991 löste die Sowjetunion sich auf.

Albert Berner hatte bereits zu Zeiten des Eisernen Vorhangs erste Kontakte nach Ungarn geknüpft. Die DDR war ihm damals, trotz eines Versuchs, sich dorthin zu orientieren, verschlossen geblieben.

»Aber in Ungarn haben wir von Österreich aus verkauft. Mein österreichischer Geschäftsführer hatte dort einen riesigen Auftrag an Land gezogen. Er lieferte Blisterkarten an zehn Geschäfte in Budapest. Die hatten das ja alles nicht, Schräubchen und solche Sachen. Das Zeug ging weg wie nix. Wir hätten jeden Tag 20 Lkw rüberschicken können, das hätten wir alles verkauft, aber die Leute dort hatten ja leider kaum Geld.«

1990 startet Berner in Ungarn.

U. 17
U. 16
15
U. 13
U. 12

2007 übernimmt Berner acht Firmen in Finnland.

Doch kaum waren die Grenzen zur DDR geöffnet, »da waren wir auf Zack«, sagt Albert Berner. »Sobald die Grenze offen war, haben wir zwei Verkaufsleiter hingeschickt und vor Ort Vertreter gesucht. Das ging ruck, zuck, wir haben damals einen Rekordumsatz erzielt. Wenn ich zu diesem Zeitpunkt in der Hofratsmühle geblieben wäre, dann wäre ich Bankrott gegangen, denn wir hätten nicht liefern können. Gott sei Dank haben wir 1989 im Künzelsauer Ortsteil Garnberg schnell genug gebaut.«

Heute ist Ungarn einer der wichtigsten deutschen Wirtschaftspartner, und Tschechien, wo sich Berner 1995 in Prag etablierte, besitzt das größte Marktpotenzial im ehemaligen Ostblock. In Polen gründete Berner 2000 ein Vertriebsunternehmen, und seit 2006 existieren Berner Gesellschaften in Lettland, Litauen und der Slowakei. Der Eintritt in den russischen Markt erfolgte über ein Joint Venture.

In jüngster Zeit kaufte die Firma darüber hinaus ein Unternehmen in Rumänien und eines in Kroatien, mit dem sich der frühere Geschäftsführer von Berner Österreich selbständig gemacht hatte. »Außerdem sind wir durch den Zukauf von Tegee jetzt in Rumänien und Bulgarien auch mit der Chemie präsent«, berichtet Albert Berner.

2000 wurde Berner Polen gegründet.

Seit 1995 ist Berner auch in Tschechien aktiv.

»Und unser Joint Venture in Russland wollen wir in einigen Jahren übernehmen. Der jetzige Partner soll dann als Geschäftsführer dort bleiben – so wie ich das eigentlich früher auch bei meinen ersten Auslandsgesellschaften gerne gemacht hätte, nur waren da meistens die Partner nicht die richtigen und ich musste mir neue Geschäftsführer suchen.« Heute hat Berner Unternehmen in 27 Ländern in Europa und Asien, darunter zwei Produktions- und Einkaufsstätten und vier Chemieunternehmen.

Seit 2007 gehört auch Finnland zum Berner Geschäftsgebiet. Mit Puijon Pultti Oy, heute Berner Pultti, wird in neun Shops vor allem der Bereich Bau bedient. Im September 2008 stieß Metaplan Oy, ein 1978 gegründetes Unternehmen, zu Berner. Insgesamt zählt man jetzt 140 Mitarbeiter in Finnland. Die Art des Vertriebs unterscheidet sich hier von den übrigen europäischen Ländern. »In Finnland machen wir mehr Umsatz in den Shops als über Vertreter«, sagt Albert Berner.

Ende 2005 hat Berner auch die erste türkische Gesellschaft übernommen, die jetzige Berner A. S. in Istanbul, mit dem Schwerpunkt Kfz. »Die Türkei«, so Albert Berner, »wird in den nächsten Jahren ausgebaut. Und über die Firma Christian Maurer werden wir in den nächsten Jahren von Wien aus vor allem im Balkan mit der Chemie einsteigen.«

Seit vielen Jahren sehr erfolgreich: die BTI-Tochter in Spanien

Portugal gehört seit 1996 zur Firmengruppe.

Doch nicht nur Richtung Osten wurde expandiert, auch die Gesellschaften in Frankreich, Portugal und Spanien – Letztere gibt es erst seit der zweiten Hälfte der 90er-Jahre – wachsen. Dies wurde in den letzten Jahren auch immer wieder im Bau neuer Verwaltungs- und Logistikzentren sichtbar. »Spanien und Portugal«, sagt Albert Berner, »waren ursprünglich zugekaufte Firmen, die heute sehr gut laufen. Berner Spanien ist heute das fünftgrößte Unternehmen im Konzern.« Im Frühjahr 2006 wurde ein neues Logistik- und Verwaltungszentrum in Chauchina bei Granada bezogen. Neben der Marke Berner kennt man in Europa mittlerweile auch BTI Befestigungstechnik. Seit 1997 gibt es BTI Spanien und seit 2004 BTI Griechenland.

Die Berner Vertriebsgesellschaften in den europäischen Nachbarländern tragen mittlerweile maßgeblich zur Entwicklung der gesamten Firmengruppe bei. Insgesamt erwirtschaften sie heute fast zwei Drittel des Konzernumsatzes. Berner Frankreich stellt dabei den größten Anteil, es ist das größte Einzelunternehmen der Berner Gruppe.

Albert Berner selbst bleibt heute nicht nur mit seinem Unternehmen in Europa. Auch er selbst, als Privatmann, will nicht mehr ständig durch die ganze Welt reisen müssen. »Ich habe die Welt ja gesehen, ich war allein 20-mal in Amerika. Immer geschäftlich allerdings, auf Messen ...«

Das eigene Berner Flugzeug vereinfacht die Geschäftsreisen.

Trotzdem besucht er auch heute regelmäßig seine Auslandsfirmen und zeigt dort die Präsenz der Unternehmerfamilie.

Seinen Managern, die europaweit regelmäßig vor Ort präsent sein müssen, hat er mittlerweile das Fliegen im Berner Jet verordnet. Seit elf Jahren besitzt Berner ein eigenes Flugzeug. »Wir steuern ja in den nächsten zwei Jahren auf die Zahl von 50 Firmen zu. Ich plane, noch eine zweite, kleinere Maschine zu kaufen. Schon die erste war eine richtige Entscheidung – wir hätten das schon viel früher machen sollen.«

2006 wurde das neue Gebäude von Berner Spanien in der Nähe von Granada eröffnet.

Herzgeschichten Wie sich Lebensperspektiven ändern

1990 überschritt Albert Berners Unternehmen die Grenze von einer halben Milliarde Mark Umsatz, knapp neun Jahre später wurde die Milliarde erreicht.

»Jetzt machst du's ruhiger«, erinnert sich Albert Berner, »das sagte ich mir damals. Aber der Markt bleibt nicht stehen. Und wenn man so am Rollen ist, dann bremst man nicht.«

Bereits 1989 hatte er mit Berner Deutschland und der Holding den neuen Firmensitz in Künzelsau-Garnberg bezogen, zum 40-jährigen Firmenjubiläum 1997 wurde in Garnberg noch einmal neu gebaut. »Das war ein Riesenschritt für die Unternehmensgruppe.« Man verzeichnete im Jubiläumsjahr 20 Firmen in 17 Ländern und hatte mehr als 4.500 Mitarbeiterinnen und Mitarbeiter bei Berner.

Auch wenn er also nicht bremste, Albert Berner nahm sich doch vor, zumindest seine Rolle im Unternehmen zu verändern. Er wollte sich künftig nicht mehr als Geschäftsführer, sondern nur noch als Vorsitzender des seit 1987 bestehenden Berner Beirats intensiver um die Strategie der Firmengruppe kümmern. Dem Beirat gehörten damals neben Albert Berner unter

Golf ist heute Albert Berners Lieblingssport.

250

Tanz mit Ehefrau Ursula beim Überraschungsfest anlässlich seiner Verabschiedung als Vorsitzender der Geschäftsleitung.

anderen auch seine Frau Ursula Berner als Gesellschafterin, der Stuttgarter Rechtsanwalt und Notar Dr. Rolf Jauch sowie der langjährige Wirtschaftsprüfer und Steuerberater Heinz Klein an.

Albert Berner verabschiedete sich in der firmeneigenen Mitarbeiterzeitschrift zum 1. April 1998 ganz offiziell als Vorsitzender der Geschäftsleitung von seinen Mitarbeitern und präsentierte die neue Geschäftsleitung. Doch schon kurz darauf änderten sich zumindest für eine gewisse Zeit die Lebensperspektiven des dynamischen Unternehmers komplett. Albert Berner, der sein Leben lang Sport getrieben hatte, sich jedoch dem täglichen Stress und der Verantwortung des Unternehmerdaseins kaum einmal entziehen konnte, wurde schwer krank.

Gerade einmal ein halbes Jahr, nachdem er den Posten des Beiratsvorsitzenden übernommen hatte, musste er am 19. November 1998 völlig unvorhergesehen mit schweren Herzbeschwerden in das Krankenhaus in Künzelsau eingeliefert werden.

»Ich dachte ja immer, ich bin kerngesund«, erinnert sich Albert Berner an diese bewegten Tage und Wochen. »Ich habe überhaupt nichts bemerkt, habe noch Fahrradtouren gemacht ... Bis ich dann beim Spaziergang mit meiner Frau plötzlich stehen bleiben musste. Ich hatte noch nie Herzschmerzen gehabt, nie!« Noch im Rückblick kann er es eigentlich kaum glauben, was passierte.

Die Milliardengrenze in Mark wurde 1999/2000 geknackt.

»Ich habe dann zu meiner Frau gesagt: ›Wart' mal einen Moment, Ulla, ich muss mal ein bisschen Luft holen‹ – bei uns geht es ja den Berg ein wenig hoch. Dann bin ich wieder hundert Meter gegangen, bis ich wieder stehen bleiben musste, und beim dritten Mal ist sie dann los und hat das Auto geholt.« Albert Berner wurde eine Nacht lang im Künzelsauer Krankenhaus versorgt und gleich am nächsten Morgen mit dem Krankenwagen in die Universitätsklinik Heidelberg gefahren.

»›Albert‹, so hat damals der Künzelsauer Oberarzt zu mir gesagt, er war ein Turnfreund von mir, ›Albert, guck mal Dein Bild da an ... Lauter weiße Pfropfen, total verkalkt ... Das muss operiert werden.‹«

»Alle meine Adern waren zu, ich habe fünf Bypässe bekommen. Das Dumme war, ich musste in Heidelberg von einem Klinikgebäude in ein anderes rübergefahren werden, und da hat's gezogen wie Hechtsuppe, wie man so sagt. Das war damals noch ein altes, renovierungsbedürftiges Gebäude, diese Klinik, heute haben sie ja neu gebaut. Und da habe ich während der Operation eine Lungenentzündung bekommen, und daran bin ich fast erstickt. Allein die Herzoperation hat zehneinhalb Stunden gedauert. Der Arzt hat mir zwei große Adern aus dem Körper herausgenommen und als Bypässe eingesetzt. Später sagte er mir einmal: ›Berner, die zwei allein würden Dir das Leben erhalten, wenn die anderen zugingen.‹«

Tochter Kerstin Berner-Göbel ist ebenfalls aktiv in der Berner Gruppe.

»Mein Vater ist stets neugierig, hinterfragt alles, hat immer noch eine unbändige Ausdauer, Fleiß und Freude an seiner Arbeit. All diese Eigenschaften, die er so selbstverständlich mitbringt, zeichnen ihn unendlich aus. Für mich persönlich war er immer da, wenn ich ihn gebraucht habe. Er steht mir stets mit Rat und Tat zur Seite. Gut, man muss ihn schon sehr lieben, um seine Entscheidungen immer verstehen zu können. Aber seine Menschenkenntnis und seine Erfahrungen, die er im Laufe seines Lebens gemacht hat, sind für mich Grundlage vieler Entscheidungsprozesse meines Lebens. Viele Leute sagen, wir seien uns so ähnlich. Wenn das so ist, wäre ich sehr stolz.«

Kerstin Berner-Göbel

(Aufsichtsratsvorsitzende der BTI Befestigungstechnik GmbH, ab 1.4.2009 im Aufsichtsrat der Berner Holding.)

»Und dann bekam ich Streptokokken, Lungenentzündung, ich war kurz vor einem Kehlkopfschnitt und wohl auch kurz vor dem Weggehen. Dann haben sie mich ins künstliche Koma verlegt und, na ja ...«

Gerne erinnert Albert Berner sich nicht an diese Situation. Erst nach drei Wochen ist er wieder aufgewacht. »Danach war ich noch einmal sechs Wochen im Krankenhaus. Dann, in der sechsten Woche, habe ich allerdings meinen Fahrer angerufen, er soll mich am nächsten Vormittag in der Klinik abholen. Ich hatte genug! Aber mein Fahrer hat es natürlich mit der Angst zu tun bekommen und meine Frau angerufen. Und die hat umgehend den Arzt verständigt, das kann man sich ja vorstellen. Der kam zu mir rein, nahm meine Hand und fragte: ›Berner, was ist denn los?‹ – ›Ich möchte Weihnachten daheim sein. Ich genese zu Hause besser als hier.‹« Der Arzt hatte ein Einsehen und Albert Berners Wunsch wurde erfüllt. »›Sie dürfen Weihnachten heim.‹ Dann haben sie mich mit dem Sanka hergefahren und die Treppen hochgetragen – ich hatte ja kaum noch Muskeln. Und von dem Moment an, wo ich in meinem eigenen Bett lag, ging es mir Schlag auf Schlag besser.«

Eine anschließende Rehabilitationsmaßnahme sollte ein Übriges tun. »Dort in der Holledau habe ich dann wieder meine ersten Weißwürste gegessen.« Vier Wochen sollte Albert Berner in Bad Wiessee bleiben, aber er hatte andere Vorstellungen. »›Ich bleib' keine

Nach überwundener Krankheit konnte das Ehepaar wieder lachen.

vier Wochen hier‹, hab' ich zu dem Professor dort gesagt, ›ich bin einer, der Heimweh hat.‹« Albert Berner nahm sich auf eigene Kosten eine Therapeutin, die auch am Wochenende mit ihm arbeitete, und durfte schon nach zwei Wochen wieder nach Hause.

Das größte Problem war natürlich die Frage, wie führt man ein Unternehmen, wenn man so krank ist? »Ich habe meiner Frau da sehr viel zu verdanken. Sie hat mir, zusammen mit der damaligen Geschäftsleitung, in der Krankheitsphase den Rücken freigehalten.«

Albert Berner konnte dank seiner disziplinierten Haltung schon bald wieder selbst seine Angelegenheiten in die Hand nehmen, doch bis er wieder ganz der Alte war, »das hat fast zehn Jahre gedauert, das hatte mir der Arzt damals auch prophezeit«, sagt er heute.

Inzwischen hat Albert Berner keine gesundheitlichen Probleme mehr. »Nee, außer drei Kilo zu viel geht's mir gut. Ich bin zufrieden. O.K., hundert Prozent wird's nimmer, aber ich bin ja auch zehn Jahre älter geworden. Es gibt schon Veränderungen. Aber ich merke, jetzt so langsam rundet sich einiges wieder ab.«

Albert Berner tut auch heute, wie schon sein Leben lang, viel für seine körperliche Fitness. Auf die Frage, ob er seine Herzoperation als eine Art zweiten Geburtstag sieht, antwortet er eher zögerlich. »Das ist halt im Leben so, andere Menschen werden überfahren oder bekommen Krebs. Ich hatte sonst immer so viel Glück in meinem Leben ... Ich bin zufrieden!«

Berner und die Zukunft

Weichen sind gestellt

Albert Berner hatte, kaum war er wieder einigermaßen hergestellt, auch als Aufsichtsratsvorsitzender mehr als genug Aufgaben in seinem Unternehmen wahrzunehmen. Sein heutiger Vorsitzender der Geschäftsführung der Berner Gruppe, Jörn Werner, ist der Ansicht, man könne die Geschichte des dynamischen Unternehmens in mehrere Phasen einteilen.

»Die erste war der Unternehmer Berner, der manchmal noch hemdsärmlig, aber mit einem enormen Unternehmergeist und mit viel Motivation anfing, das Unternehmen aufzubauen. Die Firma Berner verzeichnete in dieser Phase hohe Wachstumsraten, aber manchmal auch recht kritische Situationen, von denen Albert Berner selbst sagt, dass es gut war, ein immer optimistisch in die Zukunft blickender Mensch zu sein. Als er sich dann in der zweiten Phase in den Beirat zurückzog, hat er zusammen mit der damaligen Geschäftsleitung das Unternehmen komplett durchstrukturiert. Damals wurde bei Berner beispielsweise das gruppenübergreifende Controlling eingeführt, was die Firma voranbrachte. Auch die Managementmethoden wurden in dem Zusammenhang den internationalen Anforderungen angepasst und so das ganze Unternehmen fit für die Zukunft gemacht.«

Firmenzentrale in Künzelsau 2009

BERN
BERNER

Mit der Tegee-Chemie wird die Chemiekompetenz ausgebaut.

Und in den zehn Jahren, die seit Albert Berners Herzoperation vergangen sind, hat sich Berner weiter dynamisch entwickelt.

Rückblickend resümiert Albert Berner, dass es ihm in dieser Zeit gelungen ist, die Weichen für die Zukunft der Berner Gruppe zu stellen.

Zum Wachstum des Unternehmens tragen neben Neugründungen vor allem auch Akquisitionen bei. »Vernünftige Akquisitionen«, betont Albert Berner, denn es gab gelegentlich auch kleinere Irrtümer auf dem Weg des Wachstums. Von den Werkzeugspezialisten Friweg aus Hamburg und Spafax aus Frankreich hat man sich beispielsweise kurz nach ihrem Erwerb wieder getrennt, da die Wirtschaftlichkeit nicht gesichert werden konnte. Und auch die in der Schweiz ansässige Berner Tochter Plica, die seit 1983 zum Konzern gehörte und auf die Herstellung von Bohrern und Dübeln spezialisiert war, wurde im Jahr 2002 geschlossen, sie konnte dem Wettbewerbsdruck nicht mehr standhalten.

Albert Berner hat sich solche Entscheidungen nicht leicht gemacht, aber als Unternehmer musste er an die wirtschaftliche Situation der gesamten Unternehmensgruppe denken. »Fehler kann jeder mal machen«, resümiert er, »wichtig ist, dass man aus ihnen lernt und es beim nächsten Mal besser macht.«

Das Wigo-Werk Bad Kreuznach wurde 2006 komplett übernommen.

Neupositionierung der Marke Berner 2008

Heute ist Berner einer der beiden großen und erfolgreichen Spieler am Markt, mit einem profitablen, zweistellig angestrebten Wachstum und einem immer bekannter werdenden Markenimage. 2008 hat man sich daher auch unter dem Motto »Experten aus Leidenschaft« neu positioniert.

Die Stärkung der Marke Berner haben sich Albert Berner und seine Mitstreiter besonders auf die Fahne geschrieben. Obwohl Direktvertreiber eigentlich nicht mit Markenartikeln handeln, hat sich der Unternehmer dazu entschlossen, auch die traditionsreiche Marke Caramba - sie ist mehr als einhundert Jahre alt - wieder aufleben zu lassen. Seit 1999 gehört die Caramba Chemie zur Wigo-Gruppe, seit 2002 ist Berner daran beteiligt, 2006 übernahm das Unternehmen sämtliche Anteile an Wigo-Caramba.

»Von Caramba werden Sie noch viel hören«, ist sich Albert Berner sicher. »Caramba war im Rostlöserbereich Weltmarktführer, vor 30 Jahren lag der Umsatz dort noch bei 160 Millionen Mark. Dann wurde das Unternehmen verkauft und runtergewirtschaftet.« Caramba war schon immer Albert Berners Traum, »der Name ist faszinierend und er steht wirklich für Qualität. Wir werden mit den Chemiespezialisten Tegee und Caramba ein tolles Geschäft machen - Auto, Bau, Reinigung, eventuell sogar noch Medizinreinigung. Caramba, das war mein Lebensziel, ich wollte es haben und es hat geklappt. Und jetzt machen wir was draus!«

BERNER

EXPERTEN AUS LEIDENSCHAFT

Die italienische Berner Gesellschaft in Verona, 2009

Das umfangreiche Produktprogramm der Traditionsmarke Caramba

Produktentwicklung spielt eine große Rolle im Chemiebereich.

Dazu gehört auch, immer wieder neue und innovative Produkte im Chemiebereich zu entwickeln. Hierfür baut Berner derzeit sein Kompetenzzentrum für Chemie weiter aus. »Wir haben durch den Kauf von Caramba die ganzen Entwickler mitübernommen. Das sind 15 bis 20 Leute, die kommen dauernd mit neuen Ideen«, freut sich Albert Berner. Wigo-Caramba bringt allein mehr als 1.000 Rezepturen in das Unternehmen ein. Ein weiterer Schritt in diese Richtung war die Übernahme der Tegee-Chemie in Bremen im August 2007. Tegee ist heute Marktführer bei der Chemie für Kfz-Waschanlagen. Zu deren Produktprogramm gehören aber unter anderem auch Spezialitäten wie Reinigungschemie für Tankanlagen. Seit 2008 hat Berner darüber hinaus eine Mehrheitsbeteiligung an der österreichischen Chemiefirma Christian Maurer, einem Vertriebspartner von Tegee.

Personalentwicklung Menschen machen den Erfolg

Ein weiterer Schwerpunkt der künftigen strategischen Ausrichtung des Unternehmens liegt auf der Personalentwicklung. »Das war nicht immer mein größter Erfolg«, sagt Albert Berner, »ich hatte oft einfach nicht die Leute, die entwicklungsfähig waren. Von solchen Leuten wie Jacques Olbinski, dem Geschäftsführer von Berner Frankreich, hätte ich noch gerne zehn weitere gehabt.« Um sich künftig professionelle Mitarbeiter zu sichern, soll die Personalentwicklung im Unternehmen noch besser werden. Das ist auch für den Vorsitzenden der Geschäftsführung, Jörn Werner, oberstes Gebot: »Wir haben uns Professionalisierung auf allen Ebenen auf die Fahne geschrieben. Im Management und in den angewandten Tools. Der Grund ist einfach der, dass auch unsere Kunden professioneller werden.«

Dieses Ziel wollen Albert Berner und sein Geschäftsführer mit einer guten Mischung aus externen und internen Mitarbeitern erreichen. »Die Internen«, so Werner, »haben das Know-how, kennen die Geschichte und die Kultur des Unternehmens, sie werden, wenn nötig, durch Schulungsmaßnahmen weiterentwickelt. Und wir müssen daneben auch ganz gezielt von außen gute Leute mit Potenzial hereinholen.«

Wichtig bei Berner: die Entwicklung der Nachwuchsführungskräfte

Außendienstmitarbeiter werden regelmäßig geschult.

»Dadurch entwickelt sich die Kultur ständig weiter. Wenn man zweistellig wächst, kommt man ohne Externe einfach nicht aus.«

Das sieht auch Albert Berner so. »Das Ziel ist heute bei uns: Die zweite Linie muss so gut sein wie die erste. Wenn mal jemand gehen will oder ausfällt, sollte er nahtlos durch jemanden aus der zweiten Reihe ersetzt werden können. Und das machen wir vom Vertreter bis zum Gebietsleiter, vom Gebietsleiter bis zum Key Account Manager – das läuft jetzt. Die Personalpolitik macht heute Jörn Werner mit viel Nachdruck. Der weiß, er hat einen Chef, der ihm den Rücken stärkt.«

Nicht immer war Albert Berner in der Vergangenheit mit seinen Führungskräften so zufrieden. »Ich hatte auch schon Leute gehabt, die waren zwar fachlich gut, hatten aber menschlich ihre Schwachstellen, was dann die Mitarbeiter zu spüren bekamen. Ich kann ja auch mal sauer sein, aber man konnte dann immer wieder zu mir kommen. Aber gut, das werden wir immer wieder erleben, solche egozentrischen Leute, doch wir unterbinden solche Verhaltensweisen jetzt einfach. Und in drei Jahren hole ich im oberen Führungsbereich niemanden mehr von außerhalb. Dann kommen alle guten Leute von hier.«

Geeignete Menschen zu finden, sei nicht immer einfach, betont Albert Berner. »Ich konnte ja anfangs nur verkaufen. Alles andere hab' ich lernen müssen. Das war ein langer Prozess, und man braucht da auch

»Wir haben uns Professionalisierung auf allen Ebenen auf die Fahne geschrieben. Im Management und in den angewandten Tools. Der Grund ist einfach der, dass auch unsere Kunden professioneller werden.«

Jörn Werner
(Vorsitzender der Geschäftsführung)

Gute Mitarbeiter zu finden, ist im Innendienst und der Logistik …

… ebenso wichtig wie im Außendienst.

ein bisschen Glück. Inzwischen habe ich Kontakte zu einem ausgezeichneten Personalberater, der hat in seinem Pool tolle Leute. Jörn Werner und einige andere meiner neuen Führungskräfte kommen von dort.«

Seit 2005 ist Jörn Werner der Vorsitzende der Geschäftsführung der Berner Gruppe. Für Werner, der zuvor schon bei Bosch, Buderus und Metabo war, ist Direktvertrieb à la Berner etwas Neues, aber er weiß sich bei Berner am richtigen Platz. »Ich bin jemand, der sehr wachstumsorientiert ist, ich möchte die Chancen am Markt einfach nutzen. Dabei achte ich natürlich auch immer darauf, dass das Ganze geordnet geht, damit wir das Lebenswerk des Herrn Berner nicht aufs Spiel setzen. Ich bin mir sicher, wenn die Wirtschaftskrise mal überwunden ist, werden wir das Unternehmen in den nächsten Jahren auch noch von einem Rekord zum nächsten führen.«

Im Jahr 2006/07 freute man sich bei Berner über das stärkste Wachstum seit Jahren. Das Unternehmen war stärker als der Markt gewachsen und hatte den Aufschwung in Europa optimal genutzt. In fast allen Ländern wurden die gesetzten Umsatzziele erreicht. Das war zu Zeiten, als die Weltwirtschaft, wie beispielsweise im Jahr 2006, noch ein Wachstum von satten fünf Prozent verzeichnete. Auch in Deutschland war in diesem Jahr das Bruttoinlandsprodukt um mehr als 2,5 Prozent gewachsen. Vor allem die Bauwirtschaft boomte nach langen, eher schweren Jahren wieder.

»Albert Berners Persönlichkeit ist sehr vom Sport geprägt: Er ist fair und zielstrebig, das macht ihn so erfolgreich. Dabei freut er sich aber auch über die Anerkennung von anderen. Was mir an ihm besonders gefällt: Er geht sehr offen auf ganz unterschiedliche Menschen zu. Wenn da beispielsweise auf dem Golfplatz ein Junge steht und trainiert, dann fragt er ihn einfach nach seinen Zielen und Plänen und unterhält sich mit ihm. Er gibt seinen Gesprächspartnern erst einmal einen großen Vertrauensvorschuss und testet dann, wie ihm die Reaktion des Gegenübers gefällt. Wir sind jetzt seit 15 Jahren befreundet und ich schätze seine Offenheit und seine Entscheidungsfreudigkeit und ganz besonders seine Pünktlichkeit.«

Max Schneider, Golffreund

Im Inland erzielte die Berner Gruppe daher einen Zuwachs in allen Bereichen, auch bei der BTI und der nun ganz zur Gruppe gehörenden Wigo-Caramba. »Das Familienunternehmen Berner steht mit einer Eigenkapitalquote von 49 Prozent weiterhin auf einer soliden Basis, obwohl mit 50 Millionen Euro so viel in die Gruppe investiert wurde wie nie zuvor. Zu diesen Investitionen gehört auch die Erweiterung des Logistikzentrums am Standort in Künzelsau«, so Jörn Werner.

Derzeit sind die Prognosen, was die gesamte Weltwirtschaft betrifft, eher düster, allerdings zeigt auch der Geschäftsbericht 2007/08 bei Berner immer noch in Richtung Wachstum. Man war in der ersten Jahreshälfte 2008 den »ehrgeizigen Zielen der Unternehmensstrategie Berner GO21« nähergekommen. Berner Holding Geschäftsführer Jörn Werner sieht daher die aktuelle Situation gelassen, wie auch Firmeninhaber Albert Berner. Der rechnet zwar damit, dass man das Umsatzziel von einer Milliarde Euro nicht wie geplant schon 2008/09 erreichen wird, aber er weiß, dass man im Grunde unbeschadet auch schwere Zeiten überlebt. Und Jörn Werner meint: »Ich glaube, dass unser Geschäftsmodell gegen große Krisen deutlich wetterfester ist als viele andere. Auch in einer Wirtschaftskrise werden die Leute immer ihre Autos reparieren, wenn sie schon keine neuen kaufen. Und dann sind wir mit unserem Vertriebsmodell und unserer Service- und Sortimentsbreite sehr robust, wir gehen hin zum Kun-

Wenn bei den Kollegen im Logistikzentrum alles klappt ...

... freuen sich auch die Kollegen im Außendienst.

den, da bringen unsere Außendienstmitarbeiter immer ihre Aufträge. Vielleicht werden sie etwas niedriger, aber irgendeinen Bedarf hat der Kunde immer. Und die alten Tugenden, die Herr Berner jetzt immer wieder predigt, die helfen uns auch. Ich gehe sogar davon aus, dass wir, so wie wir aufgestellt sind, gestärkt aus der Krise herausgehen werden können.«

Auch bei Berner Frankreich ist man sich der Unterstützung Albert Berners gewiss. Dominique Masson, der Geschäftsführungskollege von Jacques Olbinski, war bereits im Oktober 2008 bei den ersten Vorboten der Wirtschaftskrise erleichtert, Albert Berner sagen zu hören: »Ihr müsst auch jetzt durch euer großes Logistikprojekt durch, ihr müsst das voranbringen, das ist wichtig.« »Bei einem börsennotierten Unternehmen«, so Masson, »würde man ein solches Projekt in dieser Situation abblasen, weil man nur an die kurzfristigen Erträge denkt. Nicht so Albert Berner.« Der ist wie immer optimistisch. »Wir kämpfen und wir schaffen das. Wir schreiben keine roten Zahlen, wir haben schon mehr als eine Krise überlebt. Ich habe meinen Spaniern und Italienern gesagt, sie sollen aufhören mit Krise, sie sollen jeden Tag ein wenig länger arbeiten und einen Kunden mehr besuchen - und dann geht das wieder. Die guten Vertreter merken es eh nicht, das ist immer so.« Mit derselben Botschaft sind derzeit alle Berner Manager unterwegs, um den Mitarbeitern Zuversicht zu signalisieren und sie zu motivieren.

Neue Vertriebswege Mehr Wachstum

Dass Berner auf Wachstumskurs bleibt, dafür sorgen nicht zuletzt auch Investitionen in neue Vertriebswege, die künftige Erfolge sichern sollen.

Jörn Werner ist positiv gestimmt. »Wir haben jetzt mit fast einer Milliarde Euro ein Umsatzniveau und damit eine Komplexität erreicht, die eine weitere Professionalisierung erfordert.« Das Unternehmen sei bisher stark durch das klassische Direktvertriebsmodell gewachsen, aber, so Werner, »die Märkte verändern sich, die Kunden wollen sich auch in unserem Geschäftsbereich immer mehr vertraglich binden, sie wollen Verträge mit ihren Lieferanten abschließen. Das Einlaufen in die Werkstatt und mal eben einen Auftrag schreiben, oder kommen und sagen: ›Du, ich hab' da gerade ein neues Produkt‹ – das funktioniert in vielen Geschäftsbereichen so nicht mehr. Nicht nur in der Industrie, auch im Bereich Automobil.«

»Da haben wir es nicht mehr unbedingt mit einzelnen kleinen Werkstätten zu tun, da läuft eine Konsolidierungswelle über den Markt. Es gibt heute Autohäuser mit 20, 30 oder 40 Filialen, die wollen Jahresgespräche führen. Und da kann ich keinen normalen Außendienstler hinschicken.«

In die neuen Vertriebswege wird viel investiert.

Die Call-Center unterstützen den Außendienst aktiv.

Berner bietet umfangreiche Serviceleistungen.

»Da muss ich jemanden hinschicken, der nicht über Produkte redet, sondern darüber, warum es vorteilhaft ist, mit Berner zu arbeiten. Jemanden, der unsere Vorteile und Serviceleistungen erklärt, der aufzeigen kann, welche Prozessoptimierung oder welche Einsparungspotenziale wir anbieten können.«

Dafür werden Key Account Manager herangebildet, die es gelernt haben, mehr in Teams zu denken. »Der Key Account Manager macht die Verträge und der Außendienstmitarbeiter ist für die Betreuung der einzelnen Outlets zuständig. Da wird also der Kunde von einem Team betreut.«

»Internet - unsere neue E-Commerce-Plattform, Call-Center, Kataloge - da investieren wir im Moment viel«, erläutert Jörn Werner. »Vor allem die Call-Center wachsen dabei schneller als das Internet, weil sie in Zusammenarbeit mit dem Außendienst eine aktive Vertriebsform sind, da sprechen wir den Kunden an. Im Internet oder in einem Shop muss dagegen der Kunde die Entscheidung treffen, jetzt dort einzukaufen.«

Die Außendienstler sollen den Kunden die neuen Vertriebskanäle nahebringen, und Jörn Werner ist überzeugt, dass diese Art der Aufgabenteilung Zukunft hat. »Ich glaube, dass der Außendienst auch in vielen Jahren noch der Hauptvertriebskanal sein wird.

Die neue E-Commerce-Plattform als ergänzender Vertriebskanal

Der direkte Kontakt von Mensch zu Mensch, das wird trotz aller Technologie stets überleben.«

Auch Dominique Masson von Berner Frankreich ist überzeugt davon, dass diese zusätzlichen Vertriebskanäle Wachstumsmotoren für Berner darstellen.

Sein Kollege Jacques Olbinski stimmt ihm zu und ergänzt: »Das alles ist lediglich ein Zusatz. Wir werden auch in der Zukunft immer Außendienstmitarbeiter brauchen, aber die werden mit diesen modernen Systemen unterstützt. Da geht im Moment vieles parallel – der Mitarbeiter kommt beispielsweise und der Kunde hat schon bestellt. Also muss sich der Außendienstler etwas Neues einfallen lassen, um mit dem Kunden zu arbeiten. Er muss über Produkte, die der Kunde noch nicht kauft, reden oder über die Probleme des Kunden – oder auch mal nur einen Besuch machen, um Hallo zu sagen, das ist manchmal auch sehr wichtig.«

Gelegentliche Ängste der Außendienstmitarbeiter kann er zwar verstehen, »aber die müssen wir ihnen nehmen, das müssen wir einfach richtig erklären. Internet und Call-Center werden auch künftig nur wenige Prozent vom Umsatz ausmachen, die Angst ist völlig unberechtigt. Letztlich helfen alle Vertriebskanäle dem Außendienst dabei, in seinem Geschäft noch professioneller zu werden.«

Arbeiten im Familienunternehmen

Der Unternehmer Albert Berner

Frankreich-Geschäftsführer Jacques Olbinski bewundert Albert Berners unternehmerisches Können seit fast 30 Jahren. »Dass er damals in den Baubereich hineinging, das war eine gute Entscheidung. Oder heute diese Chemiegeschichte ... Das gehört zu seiner Intuition. Wenn man mit ihm über das Geschäft spricht, dann setzt er alle Ideen sehr schnell in reale Möglichkeiten um. Und das ist für uns sehr motivierend.«

Auch der Umgang mit den Verbundunternehmen der Berner Gruppe gefällt ihm. »Wir haben viele eigene Möglichkeiten, wir werden nicht gegängelt. Auch hier in Frankreich können wir viele Ideen entwickeln. Albert Berner sagt nie: ›Nein!‹, sondern: ›Lasst uns das weiter entwickeln‹ – so sind nicht alle Unternehmer.« Auch dass das Unternehmen so viel Potenzial für die Zukunft hat, motiviert.

Die Persönlichkeit des Firmengründers überzeugt. »Hier in Frankreich«, so Jacques Olbinski, »kennt er ja noch einige gerade der älteren Mitarbeiter persönlich. Und die Leute finden es sehr sympathisch, wenn er in die Büros kommt und die Frauen auf die Wange küsst und die Männer per Handschlag persönlich begrüßt ...«

Albert Berner mit Sohn Christian

BERNER
BERNER
Herzlich
Willkommen

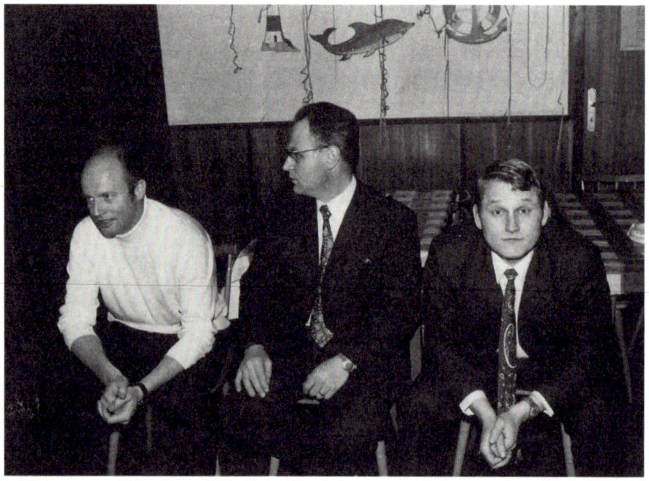

Albert Berner als nahbarer Chef: 1971 beim Kegeln ...

... mit Abteilungsleitern ...

Auch Albert Berners Wirken im Aufsichtsrat nehmen seine leitenden Mitarbeiter positiv wahr. »Er ist dort ganz intuitiv, sucht immer nach Möglichkeiten, ist sehr aufmerksam«, meint Jacques Olbinski. »Albert Berner hat immer sehr schnell eine gute Frage. Er sieht, was ein Problem sein könnte. Das ist sein Talent. Das kann nicht jeder. Er lebt sein Unternehmen, er ist sein Unternehmen.«

Dass Berner ein Familienunternehmen ist, schätzen viele Mitarbeiter besonders. Frankreich-Geschäftsführer Dominique Masson etwa kommt aus einem großen Konzern. Auf die Frage, warum er in ein Familienunternehmen gewechselt ist und wie er sich dort fühlt, hat er eine rundum positive Antwort: »Ich kam eigentlich eher zufällig hierher, aber ich habe es nicht bereut.« Als Mitglied des Board of Directors bei einem großen börsennotierten Unternehmen wurde er von einem Headhunter für die Firma geworben. Er war anfangs nicht wirklich überzeugt, dass dies ein Unternehmen wäre, das zu ihm passen könnte. »Andererseits«, so Masson, »war ich von meinem früheren Arbeitgeber frustriert. In großen Unternehmen entdeckt man nach einiger Zeit, dass die ganzen Werte, von denen immer die Rede ist, nicht viel mit der Realität zu tun haben. Man spricht davon, Leute zu entwickeln und sich gegenseitig zuzuhören, aber letztlich sind nur die Finanzmärkte interessant.«

… 1970 bei einer Ehrung auf dem Betriebsfest …

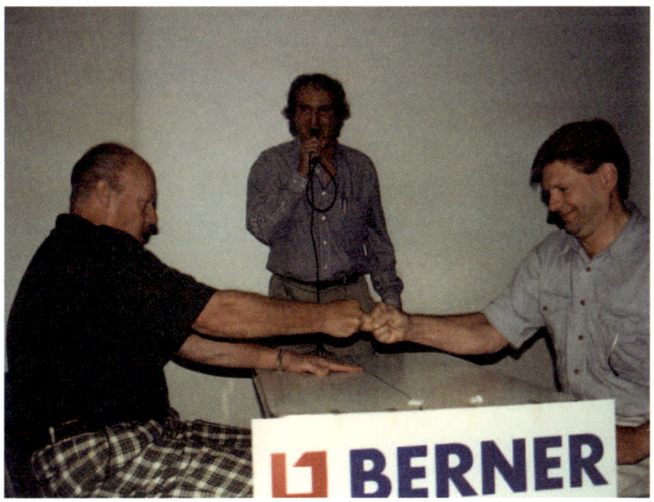

… oder 1995 beim Fingerhakeln mit Geschäftsführern in Tunesien.

Was ihm bei Berner so gut gefällt, ist, dass man meint, was man sagt. Und dass es ein sehr gut strukturiertes Unternehmen ist, und zwar nicht nur auf dem Papier.

»Hier ist das Management sehr nahe an den Leuten dran. Das ist alles vollkommen anders als im großen Unternehmen, wo man erst zehn E-Mails schicken muss, um mit jemandem sprechen zu können, selbst wenn der nur zwei Türen weiter sitzt. Hier hatte ich einfach das Gefühl, das ist ein menschliches Unternehmen, ein Unternehmen mit menschlichem Maß. Wenn hier die Leute etwas versprechen, dann tun sie es auch. Das alles war für mich völlig neu.«

Dass das Unternehmen auch Chancen bietet, sich als Führungskraft weiterzuentwickeln, wissen alle Berner Mitarbeiter.

»Ich hatte befürchtet, etwas zu verlieren, was ich ›herausforderndes Umfeld‹ nennen würde«, sagt Masson. »Ich hatte Angst, meine Zeit zu vergeuden. Aber dann kam ich hierher und fand gute Leute, professionelle Leute, Leute, die das Unternehmen wirklich voranbringen wollen. Im großen Konzern geht es oft viel mehr um Politik, Macht und persönliche Karrieren. Hier kann man sich auf sein Geschäft, auf seine Aufgaben konzentrieren und man bekommt die Mittel dazu, auch die finanziellen«, resümiert Dominique Masson stellvertretend für viele. »Und an der Spitze dieses Unternehmens steht Albert Berner«, sagt er.

Albert Berner und Jörn Werner mit Moderatorin bei der offiziellen Veranstaltung zum 50-jährigen Firmenjubiläum 2007 in Künzelsau.

»Mit großer Freude blicke ich auf die über 20 Jahre bestehende Freundschaft zurück. Zusammengebracht hat uns der Sport. Allwöchentlich huldigen wir mit Leidenschaft dem Golfspiel. Ich durfte ihn aber auch schon als Konzern-Chef erleben. Sehr beeindruckend war für mich immer wieder der menschliche, bodenständige Umgang von Albert mit seinen Angestellten. Bei allen Rundgängen durch die Betriebe sucht er das Gespräch mit den Mitarbeiterinnen und Mitarbeitern. Hier fragt er den jungen Mann im Versand nach privaten Dingen. Dort sucht er das Gespräch mit der Bürokauffrau.

In seiner französischen Niederlassung ist ihm das Wohlergehen der zahlreichen behinderten Angestellten ein besonderes Anliegen. Dies sind meine Beobachtungen außerhalb des Sports. Den freudigen Gesichtern der Leute ist anzusehen, dass der Chef den richtigen Ton findet und sie gern bei Berner tätig sind.«

Werner Wedel, langjähriger Golffreund

»Er ist der Gründer, er kennt das Geschäft seit mehr als 50 Jahren sehr gut, und das ist wirklich sehr beeindruckend. Er hat sehr klare Vorstellungen, er weiß, was auf dem Markt passiert, wo es hingehen soll. Und es ist sein Unternehmen, er hat zu 100 Prozent das Geld. Und wenn er sagt: ›O.K., ihr könnt das machen‹, dann muss man sich keine Sorgen mehr machen, denn es ist dann auch mit seinem Management abgestimmt. Dann werden nicht wie beim Konzern Entschlüsse nach zwei Monaten von irgendeinem Kerl wieder umgeworfen, nach dem Motto: ›Vergiss' alles, was wir gesagt haben.‹ Bei Berner arbeitet man auf der Basis von Vertrauen. Wenn man sich auf seine Arbeit konzentriert und das Beste gibt, dann ist es wirklich eine Freude, hier zu arbeiten, denn man kann fast wie ein Unternehmer handeln. Das motiviert die Manager hier sehr. So etwas gibt es fast nirgendwo sonst, so viel Autonomie!«

Auch Jörn Werner sieht die Vorteile des Familienunternehmens. »Als ich mich vor vier Jahren für Berner entschieden habe, stand ich vor der Frage: ›Konzern oder Familienunternehmen?‹ Und da ich schon einmal in einem Familienunternehmen war, habe ich mich ganz bewusst dafür entschieden, wieder ins Familienunternehmen zu wechseln. Dabei ist es gerade in so einer exponierten Position natürlich immer die Frage, kann man mit dem Inhaber oder kann man nicht. Man kann fachlich noch so gut sein, wenn die Chemie mit dem Inhaber nicht stimmt, dann wird das nichts.«

Mitarbeiterfest anlässlich des 65. Geburtstages von Firmenchef Albert Berner

50-Jahr-Feier: die Berner Azubis in den Landestrachten der verschiedenen Gesellschaften

Teambuildingmaßnahme bei Berner

Doch zwischen Albert Berner und Jörn Werner stimmte die Chemie. »Als ich Herrn Berner und seine Frau kennengelernt habe, war mir sehr schnell klar, dass ich diesen Schritt gerne gehen möchte und dass das funktionieren kann.«

Jörn Werner kommt selbst aus einer Unternehmerfamilie und freut sich über die »einzigartige Chance, die strategischen Entscheidungen einer solchen Firma mitprägen zu können. In einem Großkonzern sind Sie auch bei großer Umsatzverantwortung doch sehr weit weg von der Sonne. Die wichtigen Entscheidungen fallen dort an ganz anderer Stelle und kommen dann häufig ganz unerwartet auf einen nieder. Das ist im Familienunternehmen ganz anders.«

»Ich habe die Entscheidung nie bereut, das ist für mich auch ein Glücksgriff gewesen«, sagt er daher folgerichtig. »Eine Position, wie ich sie jetzt habe, mit einem Unternehmer, der so entscheidungsfreudig ist, der aber auf der anderen Seite auch guten Argumenten immer zugänglich ist - der uns ›schaffen‹ lässt, wie er sagen würde -, solche Positionen, die können Sie in Deutschland an einer Hand abzählen.«

Auch Albert Berner, der in der Vergangenheit mit seinem Management nicht immer einverstanden war, ist mit seiner Personalentscheidung zufrieden.

Ursula und Albert Berner beim 25-jährigen Firmenjubiläum

Jörn Werner und Ursula Berner bei der 50-Jahr-Feier

»Alle freuen sich, mich zu sehen, und greifen gerne meine Vorschläge auf, das war zeitweise anders. Aber Herr Werner geht mit mir synchron. Natürlich gibt es auch einmal unterschiedliche Meinungen, aber im Grundsatz sind wir uns einig. So macht die Zusammenarbeit Spaß.«

»In Familienunternehmen«, so Jörn Werner, »spielen auch mehr Emotionen mit als im Konzern. Herr Berner ist jemand, der sehr langfristig denkt, für den Risikostreuung wichtig ist. Man muss an der Spitze eines solchen Unternehmens wissen, wie tickt der Unternehmer, was wünscht er sich, und man muss dann seine kaufmännischen Entscheidungen darauf ausrichten. Ich bin sehr stolz darauf, dass die Familie mir dieses Vertrauen entgegenbringt. Es ist wichtig, dass oben an der Spitze ein gutes Verhältnis zwischen Management und Familie herrscht. Ich will der großen Verantwortung, die ich habe, natürlich auch gerecht werden für die Familie Berner.«

Damit hat Jörn Werner auch schon die größte Herausforderung für ein Familienunternehmen formuliert, der Übergang, die Übergabe von einer Generation an die nächste. Ein Prozess, der leider oft das Ende dieser Unternehmensform bedeuten kann. Nicht immer stehen interessierte Nachfolger tatsächlich bereit. Nicht so bei Berner. Alle Manager bei Berner wissen heute, dass

Bei der Geschäftsführertagung 1995

Die nächste Generation steht im Hintergrund bereit:
Sohn Christian und Tochter Kerstin

sie in einem Familienunternehmen arbeiten und was ihre Aufgaben sind, davon ist Albert Berner überzeugt. »Herr Werner steht zur Familie, er will sie nicht aus den Geschäften herausdrängen. Schließlich stehen mein Sohn und meine Tochter im Hintergrund bereit.«

»Herr Berner ist jetzt in einer Phase, wo er wohl die größte unternehmerische Entscheidung seines Lebens treffen muss«, sagt daher auch Jörn Werner, »nämlich die Überführung in die nächste Generation. Und da hat er eine für einen Familienunternehmer enorme Fähigkeit: Er ist nicht beratungsresistent. Da habe ich ganz andere Unternehmer kennengelernt!«

Im engen Schulterschluss mit der Familie wird das Berner Management Albert Berners Sohn Christian einen »geordneten Einstieg«, so Jörn Werner, in das Unternehmen ermöglichen. »Herr Berner holt sich hierzu Berater, er hört zu, er kann auch einmal Entscheidungen revidieren. Und was ich auch sehr an ihm schätze, ist, dass er ganz klar sagt: ›Dieses Unternehmen geht an die nächste Generation und nicht an die Börse und wird nicht verkauft.‹ Er könnte sich ja auch mit seinen Millionen auf die Bahamas zurückziehen. Aber das widerspricht seinem Wesen. Er ist Vollblutunternehmer und ist in der Region verwurzelt.«

Gesellschaftliche Verantwortung

Soziales und kulturelles Engagement

Verwurzelung in der Region bedeutet für Albert und Ursula Berner aber nicht allein unternehmerisches Engagement, sondern auch Einsatz für soziale und kulturelle Belange, ein Bekenntnis zur gesellschaftlichen Verantwortung.

1995 gründeten sie daher die Albert Berner-Stiftung, deren Ziel es ist, kulturelle und sportliche Aktivitäten im Kreis Hohenlohe zu fördern. Albert Berner möchte den Menschen etwas zurückgeben. »Ich bin hier aufgewachsen und groß geworden, ich verdanke der Stadt zwar nicht direkt etwas, aber ich habe viel Glück gehabt im Leben und möchte etwas davon weitergeben.«

Einmal im Jahr gibt es ein Stiftungskonzert. »Das ist inzwischen ein kultureller Höhepunkt in Künzelsau.« Und der Künzelsauer Kultursommer ist ohne die Unterstützung der Berner Kulturstiftung, die vor allem von Ursula Berner nach außen vertreten wird, nicht denkbar. Die Stiftung ist eine der vielen repräsentativen Aufgaben, mit denen die Unternehmergattin ihren Mann unterstützt und bei denen sie ihr Interesse für moderne Kunst und klassische Musik einbringen kann.

Großes Kinderprogramm beim 50-jährigen Firmenjubiläum

BERNER

Zum 70. Geburtstag von Albert Berner gab es ein Kinderfest …

… sportlich ging es bei der offiziellen Veranstaltung zu.

Unter dem Motto »Kinder sind unsere Zukunft« sponsern die Berners verschiedene Aktivitäten für Kinder und Jugendliche. Neben Kindertheater, Sonderschulen, Sprachförderung und Schülertheater mit Niveau steht auch die SOS-Kinderdorf-Idee auf der Liste der zu Unterstützenden. Albert Berner, der selbst keinen leichten Start ins Leben hatte, weiß, wie wichtig Förderung und familiäre Geborgenheit sind. Nachdem man sich zunächst für das Künzelsau nahe gelegene Kinderdorf in Schorndorf engagiert hatte, sind heute viele der europäischen Berner Vertriebsgesellschaften Partner von SOS-Kinderdörfern in ihrem Land.

Auch Jubiläen und Geburtstage sind für Albert Berner und seine Frau immer wieder Anlass, für wohltätige Zwecke zu spenden oder in der Region Künzelsau kulturelle Highlights zu präsentieren.

Zu seinem 60. Geburtstag 1995 rundete Albert Berner das Geld, das er sich für einen guten Zweck zum Geburtstag gewünscht hatte, auf 40.000 Mark auf und überreichte es größtenteils der Künzelsauer Diakonie, die dafür ein Auto anschaffte. Es sollte nicht das einzige von Berner gesponserte Fahrzeug bleiben, und auch der Künzelsauer Tafelladen verdankt Albert Berner viel. Zum 50. Firmenjubiläum 2007 wurde die Künzelsauer Friedhofskirche mit Unterstützung von Berner renoviert.

Fahrzeugübergabe an den Künzelsauer Tafelladen und ...

Kulturelles Engagement für das Kindertheater

... die Diakoniestation

Sportliches Engagement für den KTV Hohenlohe

Donnerstag, 13. Juli 1995 / Nummer 159 ☆ 17

Albert Berner gründet gemeinnützige Stiftung

Für Kunst, Kultur und den Sport

Von Wendelin Schmidt

Als ein Unternehmer, der trotz außerordentlicher Erfolge ein „Mann des Volkes" geblieben sei, wurde gestern der Künzelsauer Albert Berner an seinem 60. Geburtstag gewürdigt. Vor zahlreichen Gratulanten aus der ganzen Region Franken gab der Chef der Unternehmensgruppe Berner die Gründung der „Albert-Berner-Stiftung" bekannt.

Ziel dieser zunächst mit einem Startkapital von 500 000 Mark ausgestatteten Stiftung wird es sein, das Gesundheitswesen, soziale Einrichtungen, Kunst, Kultur und Sport in Hohenlohe zu unterstützen sowie Wissenschaft und Forschung zu fördern. Im Casino der Firma in Garnberg sagte Albert Berner, dem Landrat Helmut M. Jahn zuvor das Bundesverdienstkreuz im Auftrag des Bundespräsidenten überreicht hatte: „Mein Wunsch ist es, den Menschen der Region ein wenig von dem zurückzugeben, was ich durch Freunde, Mitarbeiter und Entgegenkommen vieler erreichen konnte."

Dem Stiftungsrat wird neben Albert Berner und seiner Frau Ulla der Künzelsauer Stadtrat Stefan Schmidt angehören, als Vorstände fungieren die beiden Berner-Geschäftsführer Josef Kurth und Bernd Deutschkämer. In der Berner-Stiftung sollen die schon seither umfangreichen Fördermaßnahmen für gemeinnützige Vorhaben gebündelt werden.

Albert Berner, der sich „im besten Mannesalter" fühlt und noch eine „Menge Pläne mit der mir eigenen Ungeduld" verwirklichen will, bezeichnete ein „intaktes Umfeld" als „das Entscheidende in meinem Leben", wobei er zum Umfeld außer der Familie und den Geschäftspartnern vor allem die Mitarbeiter der Unternehmensgruppe zählte. Das Bundesverdienstkreuz wertete er als Anerkennung der „Leistung vieler".

Nach einem Stehempfang vor dem Verwaltungsgebäude der Firma Berner, bei dem die Band „Huckleberry" aus Aschaffenburg aufspielte, zeichnete Geschäftsführer Josef Kurth im Casino den Aufstieg des Unternehmens aus kleinsten Anfängen im Jahr 1957 in Künzelsau zu einer weltweit agierenden Gruppe nach, die zur Zeit 3860 Mitarbeiter beschäftigt, davon 1650 in Deutschland, 770 in Künzelsau und Ingelfingen.

Wie sich die „kleine Berner-Jolle" des Jungunternehmers zu einer „Dreimastbark" und schließlich zu einem „hochseetauglichen Fünfmastschoner" im Heimathafen Hofratsmühle entwickelt habe, schilderte Landrat Helmut M. Jahn. Mit dem Umzug nach Garnberg sei die ganze Besatzung dann 1989 auf ein hochmodernes Firmenschiff gewechselt. Die Firma Berner sei ein wichtiger Wirtschaftsfaktor in Hohenlohe und Berner ein Beispiel für zahlreiche Hohenloher Unternehmen, die sich „trotz Standortnachteilen" ihrer „sozialen und gesellschaftlichen Verantwortung bewußt" seien. Im Bereich der Ausbildung würden bei Berner vielen Jugendlichen „gute Perspektiven" aufgezeigt. Der Landrat dankte Berner nicht nur für seine unternehmerische Leistung, sondern auch für sein vielfältiges gesellschaftspolitisches Engagement vor allem für den Jugendsport und für die Kinderkulturarbeit in Künzelsau.

MdB Dr. Wolfgang von Stetten wünschte sich für die heutige Jugend den „Pioniergeist von Albert Berner", dann müßte einem um die Zukunft nicht bange sein. Bürgermeister Volker Lenz überreichte den Ehrenteller der Stadt Künzelsau, und IHK-Präsident Otto Christ würdigte die „Vorbildfunktion" Berners bei der Ausbildung und das „ökologische Denken" in der Firma. Die Glückwünsche der Rotarier überbrachte Präsident Wilhelm Zink aus Öhringen.

Dankbar und „ein wenig stolz" nahm Albert Berner (links) das Bundesverdienstkreuz an, das ihm der Landrat überreichte. Foto: Barbara Griesinger

Zum 70. Geburtstag erhält Albert Berner das Bundesverdienstkreuz 1. Klasse – überreicht von Minister Prof. Dr. Wolfgang Reinhart

»Als bodenständiger Unternehmer fühlt sich Albert Berner bis heute seiner Heimatstadt Künzelsau und dem Hohenloher Land in besonderer Weise verbunden und verpflichtet. Dieses Bundesverdienstkreuz 1. Klasse ist sichtbares Zeichen, die verdienstvollen Tätigkeiten eines Bürgers um das Gemeinwohl in einer Gesellschaft anzuerkennen und zu würdigen.«

Text aus der Pressemitteilung vom 12.07.2007

Europäisches Kinderfest zum 65. Geburtstag

In Erinnerung an die Künzelsauer Kinderfeste seiner Kindheit veranstaltete Albert Berner anlässlich seines 65. und 70. Geburtstags selbst große Kinderfeste. »Hier gab es früher einen Konsul, der dann nach Brasilien ging, der hat alle paar Jahre ein solches Fest ausgerichtet. Das wollte ich wieder aufleben lassen. Ich war bei meinem Kinderfest damals gerade 14 Jahre alt, das war ein großes Erlebnis. Wir Volksschüler haben damals vor 4.000 Zuschauern gegen das Gymnasium Fußball gespielt, das war eine große Sache!«

Die größten Investitionen für das Kulturleben der Region waren allerdings die großen Firmenfeste, die unabhängig von der Stiftung veranstaltet wurden. Und natürlich darf unternehmerisches Engagement gelegentlich auch direkt unternehmerischen Zwecken dienen, so beispielsweise die Investition in Forschung und Lehre, die Albert Berner mit der Einrichtung eines Lehrstuhls für Kundenbeziehungsmanagement im Direktvertrieb - auf Englisch direct Customer Relationship Management - an der Fachhochschule Aalen getätigt hat. Dort werden seit 2001 die Managementmethoden, wie sie in einem Unternehmen wie Berner genutzt werden, auch wissenschaftlich weiterentwickelt. Mit der Hochschule Heilbronn besteht ebenfalls seit 2007 eine Kooperation. Hier wurde ein Lehrstuhl für International Business Central and Eastern Europe eingerichtet.

Berner als Sponsor bei der Rad-WM 2004 in Verona, Italien

Als Sportsponsor engagiert sich das Unternehmen schon lange. Bereits seit den 70er-Jahren wird viel Bandenwerbung gemacht, allerdings sind die Kosten dafür in den letzten Jahren explodiert. 1992 war Berner Hauptsponsor bei der Eishockeyweltmeisterschaft und vor vier Jahren Hauptsponsor bei der Radweltmeisterschaft in Italien. »Das waren die Highlights«, sagt Albert Berner, »da haben die Mitarbeiter zu mir gesagt: ›Signore Berner, endlich sind wir eine große Firma.‹ Unsere Vertreter, die sehen das ...«

Wer viel Gutes tut, wird natürlich auch anders wahrgenommen als der Durchschnittsbürger, und so gehören denn auch Ehrungen und Auszeichnungen zum Leben des Unternehmers Albert Berner.

»Das sind manchmal schon erhebende Momente«, muss Albert Berner zugeben, auch wenn er nicht gerne im Vordergrund steht und Reden hält. »Da ist etwas da, wo man sagen kann: ›Berner, es hat sich gelohnt.‹« Die Umbenennung der Straße, an der sein französisches Firmengebäude steht, in »Rue Albert Berner« war ein solches besonderes Ereignis. »Der Präfekt war da, mehr als 100 Leute, wir haben die Grundsteinlegung für die neue Halle gemacht und eine Aufsichtsratssitzung, das war sehr schön.« Bereits 2006 war auch die Straße, an der das spanische Firmengebäude in Granada steht, nach ihm benannt worden.

2008 wurde die Straße der französischen Gesellschaft nach Albert Berner benannt.

Luca Quartana, Geschäftsführer Berner Spanien, Christian, Albert und Ursula Berner vor dem spanischen Straßenschild

Elton-John-Konzert im Jahr 2000

Auch über die Verleihung des Bundesverdienstkreuzes 1. Klasse zum 70. Geburtstag 2005 hat Albert Berner sich gefreut – es sei hier stellvertretend für viele weitere Ehrungen genannt. Er hat es für sein beispielhaftes Wirken in Wirtschaft und Gesellschaft sowie für sein vielfältiges soziales Engagement für die Menschen in der Region erhalten. Sein persönlicher Favorit war die Ernennung zum Ritter der Ehrenlegion: »Das war für mich das Größte.«

Aber auch gelungene Kulturveranstaltungen bringen Albert Berner ins Schwärmen. Eine seiner schönsten Erinnerungen ist das Elton-John-Konzert anlässlich seines 65. Geburtstags, als der Künstler vor 13.000 Leuten sang und Albert Berner einen ganz besonderen Wunsch erfüllte, indem er für ihn den Song »Like a Candle in the Wind« sang. Seine Gefühle zeigt Albert Berner bei solchen Anlässen offen.

»Auslöser unserer Freundschaft und jahrelang ständiger Begleiter ist der Sport. Zunächst Tennis, Männerriege und seit vielen Jahren der gemeinsame Spaß (auch mit unseren weiblichen Handycaps) am Golf. Darüber hinaus verbinden uns viele schöne und unvergessliche Kultur- und Reiseerlebnisse. Ich schätze A. Berner als äußerst fairen, zuverlässigen und hilfsbereiten Freund und Sportler. Sein Humor (er kann über sich selbst lachen) seine großzügige, ehrliche und direkte Art bereichern unsere Freundschaft.«

Dr. Klaus-Jürgen Wirsching (Zahnarzt), langjähriger Freund

Das 50-jährige Firmenjubiläum wurde richtig gefeiert …

… und einem Rockkonzert der Extraklasse …

… mit einem internationalem Sportwettbewerb …

… das den 3.700 Mitarbeitern lange in Erinnerung bleiben wird.

Tief gerührt hielt Albert Berner seine Ansprache zum Jubiläum ...

... vor den Mitarbeitern, die aus über 20 Ländern angereist waren.

Zum 50. Firmenjubiläum beispielsweise hielt er eine Rede vor 3.700 Mitarbeiterinnen und Mitarbeitern aus ganz Europa, die von den Zuhörern mit Standing Ovations bedacht wurde und als ein Höhepunkt des Festes empfunden wurde - trotz anderer großer »Events« wie etwa eines Konzerts mit dem kanadischen Rocksänger Bryan Adams. Albert Berner selbst konnte sich der Stimmung des Festtages nicht entziehen.
»Ich hab vielleicht geheult, als ich die Rede gehalten habe«, erinnert er sich. Für ihn, dessen Leben in weiten Teilen von seinem Unternehmen geprägt wurde, war es ein besonderer Moment.

Das ganze Jahr über wurde 2007 gefeiert, zum offiziellen Festakt waren auch der baden-württembergische Ministerpräsident und der Bundeswirtschaftsminister gekommen.

Ob er damals auch zurückgeblickt hat, ob er noch weiß, wann er das erste Mal gedacht hat: »Ich hab' es geschafft?«

Albert Berner weiß es noch genau, und die Antwort ist typisch für ihn. »Eigentlich war mir von Anfang an klar, dass ich es geschafft hatte, ich hatte ja gar keine Erwartungen. Ich wollte ein schönes Häuschen und eine schöne Frau und ein kleines Auto. Und das hatte ich ja eigentlich gleich, ich habe ja schon im ersten Jahr 30.000 Mark verdient. Das war damals viel Geld.

Ursula Berner, mit der Albert Berner seit 42 Jahren glücklich verheiratet ist

Da musste ich aufpassen, dass ich nicht den Größenwahn bekomme. Zwischendurch hatte ich den auch mal. Mein damaliger Schwiegervater war Beamter in Düsseldorf, der hat sich oft Sorgen um mich gemacht, ›dass du mir nicht den Bach runtergehst‹ – der hatte Angst, dass ich mich übernehmen könnte. Sie haben da sehr schnell bei jeder Stufe das Gefühl, Sie sind der Größte.«

Und ist er mit seinem bisherigen Leben zufrieden? »Wissen Sie, meine großen Kinder verfolgen ihre eigenen Ziele, sie sind finanziell abgesichert und müssen sich keine Sorgen machen. Die beiden jüngeren werden im Unternehmen eine Rolle spielen – mein Sohn wird es übernehmen, meine Tochter geht in den Aufsichtsrat. Das macht mich sehr glücklich. Und dann bin ich schließlich seit 42 Jahren glücklich mit meiner Frau verheiratet – was wollen Sie denn noch mehr?«

Trotzdem die Frage, was er sich heute noch wünscht. »Ganz einfach eigentlich, ich wünsche mir, dass ich gesund bleibe und meinem Unternehmen noch lange mit Rat und Tat zur Seite stehen kann. Und dass ich meinen Sohn noch bei seinem Eintritt in die Firma begleiten kann.«

BERNER

BERNER

Geschäftsfelder

BERNER

UNABHÄNGIGE LÄNDER

DEUTSCHLAND
SCHWEIZ

FRANKREICH

SPANIEN
PORTUGAL

ITALIEN

REGION WEST	REGION NORD	REGION SÜDOST	REGION OST
NIEDERLANDE	DÄNEMARK	ÖSTERREICH	POLEN
BELGIEN	SCHWEDEN	TSCHECHIEN	TÜRKEI
LUXEMBURG	NORWEGEN	UNGARN	LITAUEN
		SLOWAKEI	LETTLAND
		RUMÄNIEN	FINNLAND
		KROATIEN	

PRODUKTION UND BESCHAFFUNG

HSIN HO
TAIWAN

SCHANGHAI
CHINA

der Berner Unternehmensgruppe

BTI

DEUTSCHLAND

SPANIEN

GRIECHENLAND

KRÄHE VERSAND

Caramba
Die Chemie-Gruppe.

CARAMBA

WIGO

TEGEE-RUMLER

CHRISTIAN MAURER

Die Berner Unternehmensgruppe

Über 8.000 Mitarbeiter. 25.000 Produkte. Internationale Logistikkette. Direktvertriebs-Kompetenz im Bau- und Kfz-Handwerk und in der Industrie. Langjährige Erfahrung in der Entwicklung, Herstellung und Vermarktung von technischer Spezialchemie. Das sind die Fakten, die die Berner Unternehmensgruppe beschreiben. Doch viel wichtiger als das sind die Menschen, die hinter den Firmen Berner, BTI und Caramba stehen. Es sind die Mitarbeiterinnen und Mitarbeiter, die in mehr als 25 Ländern für die Unternehmen arbeiten. Sie machen den Unterschied. Als kompetente Ansprechpartner im Innen- wie im Außendienst sorgen sie dafür, dass die Kunden von einer Partnerschaft profitieren.

Das Kerngeschäft der Gruppe ist nach wie vor der Direktvertrieb. Verkaufen heißt, Menschen zu gewinnen, Vertrauen aufzubauen und mit Emotion zu binden. Gute Verkäufer wissen darüber hinaus fachlich zu überzeugen, denn sie verstehen das Handwerk ihrer Kunden.

ANHANG

Berner Vertriebsgesellschaften

BERNER

Jedes Geschäftsfeld hat seine eigene Wachstumsstrategie. Die Berner Vertriebsgesellschaften fokussieren sich auf ausgewählte Segmente und bieten ihren Kunden, neben den spezialisierten Produktprogrammen, eine Reihe von Services wie beispielsweise das C-Teile-Management an. Angefangen hat alles 1957, als Albert Berner in Künzelsau eine Schraubenhandlung gründete. Aus dem Ein-Mann-Unternehmen hat sich inzwischen ein internationaler Konzern entwickelt. 1969 wurden die ersten Auslandsgesellschaften in Belgien, Frankreich, Österreich und der Schweiz gegründet. Zahlreiche weitere internationale Gründungen und Zukäufe folgten.

Deutschland

Frankreich

Spanien

Italien

Niederlande

Dänemark

Österreich

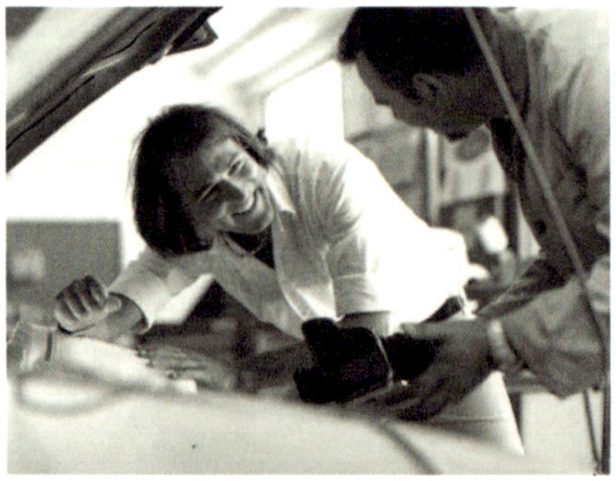

In den Anfangsjahren standen nahezu ausschließlich Kfz-Kunden auf der Berner Kundenliste. Zu Beginn der 70-Jahre jedoch wurde die Angebotspalette um Produkte für das Bauhandwerk erweitert. Vom regionalen Handwerksbetrieb bis hin zum internationalen Großkonzern – zum Berner Kundenstamm gehören Firmen aller Größenordnungen. War das Produktprogramm zu Beginn noch auf Befestigungsteile beschränkt, ergänzten nach und nach weitere Artikelgruppen wie Werkzeuge, Werkstattausrüstungen und Chemieprodukte das Angebot. Das Erfolgsgeheimnis des Unternehmens ist die größtmögliche Nähe zu den Werkstätten, Baustellen, Handwerksbetrieben: kurz zu den Menschen, die tagtäglich mit Berner Produkten arbeiten. Seit 2008 präsentiert sich Berner europaweit mit seinem neuen Slogan, der die bewährte Philosophie unterstreicht. »Experten aus Leidenschaft« bringt die Arbeitsweise der 6.500 Mitarbeiter auf den Punkt.

ANHANG

BERNER
INOXline Premium
Stainless steel, Edelstahl, Inox, Acciaio Inox, Rustfri, RVS
BERNER
Wonderclean
PREMIUMline
BERNER

BTI Konzern

1972 hat Albert Berner die BTI Befestigungstechnik in Ingelfingen gegründet. »Wir verstehen Ihr Handwerk« lautet das Leitmotiv des Konzerns, das von den 1.200 Mitarbeitern auch gelebt wird: Der Bauspezialist bietet neben Einzelprodukten zahlreiche Systemlösungen, die dem Handwerker die Arbeit auf der Baustelle wesentlich erleichtern. Zusätzlich sorgen professionelle Serviceleistungen dafür, dass die Kunden jeden ihrer Aufträge möglichst effizient ausführen können. Das Sortiment umfasst mittlerweile mehr als 15.000 Artikel, die von Fachberatern direkt vertrieben werden. Darüber hinaus steht das Unternehmen aber auch per Call-Center und durch bundesweit acht Handwerker-Center permanent in engem Kontakt mit den Kunden.

BTI

Gegenwärtig bildet Deutschland den Kernmarkt für die BTI. Doch auch in Spanien hat die Firma bereits erfolgreich Fuß gefasst. Das dortige Tochterunternehmen ist seit seinem Bestehen (1997) stetig im hohen zweistelligen Bereich gewachsen. In den nächsten Jahren wird die BTI verstärkt über den Ausbau neuer Vertriebskanäle wie etwa den Versandhandel expandieren. Im Juli 2007 hat die BTI daher den Profi-Ausstatter Krähe übernommen.

Die Hausfarbe des Direktvertreibers im Bauhandwerk ist ein kräftiges, leuchtendes Orange. Warum Orange? Weil diese Farbe Leidenschaft, Motivation und Energie bedeutet. Leidenschaft für das, was die BTI tut. Motivation, täglich besser zu werden und die Kunden rundum zufrieden zu stellen. Und Energie um Ideen umzusetzen.

Über 1.000 Prämien
online: www.bti.de
ORANGES
MORE
Wir verstehen Ihr Handwerk.
BTI
DA KOMMT WAS AUF SIE ZU
ORANGEN SAMMELN UND PRÄMIEN KASSIEREN

coolMaX PowerCut

Caramba

Die Chemie-Gruppe.

Caramba Chemie Gruppe

Vom Rostlöser über Dichtmassen und Kleber bis hin zu Schmierstoffen und Werkstattreinigern - aus dem modernen Handwerk sind chemische Produkte nicht mehr wegzudenken. Um auch in diesem Bereich stets auf dem neuesten Stand zu bleiben, baut Berner bereits seit vielen Jahren seine Chemiesparte konsequent und zielgerichtet aus.

2002 hatte sich Berner mit 50 Prozent an der Chemiegruppe Wigo-Caramba beteiligt und 2006 dann alle Anteile übernommen. Es ist ein großer Traum von Albert Berner, die traditionsreiche Marke Caramba international auszubauen. Wenn es um chemisch-technische Produkte geht, kann die Marke Caramba auf eine über hundertjährige Tradition zurückblicken. Aktuell umfasst das Sortiment in fünf Segmenten mehr als 100 Spezialprodukte, die nicht nur im Auto, sondern auch in der Industrie, im Haushalt und im Hobbybereich zum Einsatz kommen.

Caramba
Hohlraum-
Konservierung
Caramba
Edelstahl-
Reiniger
Caramba
Felgen-
Reiniger
Brilliant
Caramba
Bremsen-
service-
Spray
Caramba
Super
Das Original

Caramba
Super
Das Original
Ein's für Alles

PROBLEME
LÖSEN SICH
NICHT,
WENN MAN
DARÜBER
REDET.
SORRY LADIES.
Caramba
Super
Das Original
Ein's für Alles
Multi-Funktions-Öl
Caramba
www.caramba.de
Wir haben die Lösung.

Die Firma Wigo zählt zu den erfolgreichsten deutschen Produzenten individueller Chemieprodukte für Markenartikel im Private Label-Bereich. Von der ersten Produktvision bis zur Vermarktung - das Kerngeschäft von Wigo ist die Entwicklung und Produktion individueller, chemischer Verbrauchsmaterialien. Zum Kundenkreis zählen industrielle Großverbraucher, Tankstellen-Organisationen, Großhandelsunternehmen, Einzelhandelskooperationen und Motorrad-/Zweiradhändler.

tegee-rumler.eu

Seit 2007 gehört die tegee-rumler.eu zur Caramba Chemie-Gruppe. Das Unternehmen ist seit einem halben Jahrhundert der Spezialist für Reinigungs- und Pflegemittel im Bereich Industrie und Gewerbe wie beispielsweise Waschanlagen-Betreiber, Speditionen, Verkehrsbetriebe, Autohäuser, Flughafenbetreiber, Lebensmittel verarbeitende Betriebe und viele mehr. Die Tegee-Rumler hat sich ein außergewöhnliches Know-how in der Entwicklung, Herstellung und dem Vertrieb professioneller Reinigungs- und Pflegemittel erarbeitet.

Heute ist das Unternehmen international aktiv und erwirtschaftet gut 20 Prozent seines Umsatzes im europäischen, arabischen und asiatischen Ausland. Die weitere Internationalisierung wird über Zukäufe forciert. Die 75- prozentige Beteiligung an der österreichischen Christian Maurer GmbH, einem Tegee Vertriebspartner, mit Gesellschaften in Ungarn und Rumänien, setzte den Startpunkt für den weiteren Ausbau der Chemiedivision beispielsweise in Südosteuropa.

Die Historie der Berner Gruppe

1957
Am 1. April eröffnet Albert Berner im Alter von 21 Jahren eine Schraubenhandlung im baden-württembergischen Künzelsau.

1961
Die erste Umsatzmillion wird überschritten. Neubau (Wohnhaus, Büro, Lager).

1969
Wachstum in Europa: Im April wird die erste Auslandsniederlassung Berner Belgien gegründet. Es folgt die Gründung von Berner Österreich im November. Im Dezember werden Berner Frankreich und Berner Schweiz eröffnet.

1970
Gründung Berner Dänemark.

1971
Gründung Berner Niederlande.

1972
Gründung der BTI Befestigungstechnik, einem Direktvertreiber für das Bauhandwerk.

1974
Gründung Berner Italien.

1976
Berner übernimmt eine Fabrik für Schrauben und Befestigungsteile in Taiwan.

1979
Der 1.000ste Arbeitsplatz wird geschaffen.

1983
Gründung der Berner Holding.

1986
Im Januar wird Berner Norwegen, im September Berner Schweden und 1987 Berner Luxemburg eröffnet.

1989
Die Berner Holding und die deutsche Berner Vertriebsgesellschaft beziehen ihren neuen Firmensitz in Künzelsau-Garnberg.
1990 Gründung von Berner Ungarn, Berner Tschechien folgte 1995.

1996
Übernahme von Berner Portugal. Berner Frankreich begrüßt den gruppenweit 4.000sten Mitarbeiter.
Gründung der BTI Spanien 1997.

1998
Gründung von Berner Spanien.

2000
Der Umsatz des Wirtschaftsjahres 1999/2000 überschreitet die Grenze von einer Milliarde Mark.
Gründung von Berner Polen.

2002
Die Berner Unternehmensgruppe übernimmt 50 Prozent der Chemiegruppe WIGO-Caramba mit dem Ziel, das Produktfeld Chemie weiter auszubauen.

2005
Berner Spanien legt den Grundstein für ein neues Büro- und Lagergebäude in Chauchina. Ende des Jahres übernimmt Berner ein Unternehmen in der Türkei.

2006
Berner wächst weiter und übernimmt Firmen in Lettland, Litauen und der Slowakei. Hundertprozentige Übernahme der Chemiegruppe Wigo-Caramba. Joint Venture in Russland.

2007
Berner expandiert nach Finnland und Rumänien. Die Tegee-Chemie, Bremen, wird übernommen. Berner feiert sein 50-jähriges Firmenjubiläum.

Passion for the future
50 years
BERNER

2008
Expansion nach Kroatien (Montex). Übernahme von Metaplan Oy in Finnland. 75-prozentige Beteiligung am Tegee Vertriebspartner Christian Maurer in Österreich. Gründung der Caramba Holding.

Zu diesem Buch

Wer mich kennt, weiß sehr wohl, dass ich kein Mensch bin, der immer im Mittelpunkt stehen muss. Ganz im Gegenteil war es mir eher wichtig mich in meinem Leben auf meine Familie, meine Freunde und natürlich meinen Lebenstraum, die Berner Unternehmensgruppe und ihr Wachstum, zu konzentrieren. Dadurch habe ich nie die Bodenhaftung verloren und bin ganz »normal« geblieben.

Auch wenn wir in 2007 unser 50-jähriges Firmenjubiläum feiern konnten – ein wirklich außergewöhnliches Ereignis im Leben eines Unternehmers – wäre ich nicht auf die Idee gekommen, eine Biografie zu schreiben. Dazu hat mich erst mein Sohn Christian bewegen können. Zuerst waren meine Aufschriebe nur für den engsten Familien- und Freundeskreis gedacht. Ich wollte meinen Lieben damit dokumentieren, was sich so alles im Laufe der Jahrzehnte ereignet hat – mit all' den schönen und auch schwierigen Erfahrungen. Und davon gab es viele, wenn man bedenkt, dass ich 1957 mit fast nichts in der Tasche den Schritt in die Selbständigkeit gewagt habe.

Ich möchte meiner Familie, meiner Frau Ulla und meinen Kindern, dafür danken, dass sie mich in den vergangenen Jahren immer unterstützt haben, mir den

Rücken freihielten und für mich da waren, als es mir schlecht ging. Und es war ganz sicher nicht immer leicht mit mir. Was für mich früher selbstverständlich war - dass sich beispielsweise alles um die Firma gedreht hat - weiß ich heute umso mehr zu schätzen. Es ist schön, eine solche Familie wie Euch zu haben!

Auch meine Freunde waren für mich da. Und wie wichtig gute Freunde sind, die es ehrlich mit einem meinen, das durfte ich im Laufe der Jahre vielfach erleben.

Das ursprünglich kleine Projekt »Aufschriebe« hat dann eine gewisse Eigendynamik entwickelt und so habe ich mich entschlossen, meine Biografie »Mein Weg - Mein Leben« einem größeren Kreis zu Verfügung zu stellen. Vor allem meinen Mitarbeitern in ganz Europa und Asien möchte ich damit eine kleine Freude machen und mich auf diesem Weg für ihren ganz besonderen Einsatz bedanken. Ich bin stolz auf das Erreichte und weiß sehr wohl, dass ein erfolgreiches Unternehmen weit mehr ist als ein profitables Geschäft. Es wird getragen von den Menschen, die mit ihm arbeiten und leben.

Wir haben viel erreicht in den mehr als 50 Jahren. Schon von Beginn an stand im Unternehmen die absolute Kundenorientierung im Mittelpunkt. Durch den täglichen direkten Kontakt habe ich genau gewusst, was meine Kunden brauchen und ich habe versucht, Ihnen passende Lösungen und noch ein wenig mehr zu bieten. An dieser Philosophie hat sich nichts geändert und das wird es auch in Zukunft nicht. Wir sind heute in rund 25 europäischen Ländern aktiv und wir werden in überschaubarer Zeit die noch existierenden weißen Flecken des Kontinents erobern.

Mehr als 8.000 Mitarbeiterinnen und Mitarbeiter sind für die Berner Unternehmensgruppe aktiv, 5.500 davon im Außendienst. Im Jahr 2015 sollen es doppelt so viele sein und der Umsatz bei zwei Milliarden Euro liegen. Natürlich ist eine solche Prognose in der aktuell herrschenden Weltwirtschaftskrise gewagt, und vielleicht erreichen wir unsere Ziele nicht punktgenau. Wichtig ist jedoch, dass wir den Kopf nicht in den Sand stecken und abwarten, sondern aktiv werden und nach Lösungen und Alternativen suchen.

Ich habe in meiner Zeit als Unternehmer schon einige Krisen erlebt und bin aus allen gestärkt hervorgegangen. Natürlich ist es dieses Mal etwas schlimmer, aber die Berner Unternehmensgruppe ist gut aufgestellt. Wir haben eine hohe Eigenkapitalquote und sind wirtschaftlich gesund. Mit unserem jungen, engagierten Führungsteam und den hoch motivierten Mitarbeitern werden wir das Unternehmen in die nächste Ära führen.

Es ist mein großer Wunsch, meinen Kindern eine erfolgreiche und zukunftsfähige Firmengruppe zu übergeben. Auch Sie sollen ihre Träume leben können. Das ist mein Ziel.

IMPRESSUM

Bildnachweis

Heinz Rükgauer, Künzelsau: Seite 20, 21, 22, 23, 26, 27, 35, 57
Stadt Künzelsau: Seite 21, 23 | Landratsamt Hohenlohe: Seite 113
TOMY DESIGN Werbeagentur, Heilbronn: Titel, Seite:11
Alle anderen Aufnahmen: Privatarchiv Albert Berner und
Firmenarchiv Berner GmbH

Herausgeber

Albert Berner

Konzeption

Berner GmbH, Künzelsau

Text

Guttmann und Grau, Karlsruhe

Gestaltung und Satz

TOMY DESIGN Werbeagentur, Heilbronn

Druck und Bindung

Dr. Cantz'sche Druckerei GmbH & Co. KG, Ostfildern

ISBN 978-3-00-027312-4
Printed in Germany